JN195499

Kスタート！

K스타트！

できる・つながる
コミュニケーション韓国語入門

鄭鍾熙

정종희

白水社

──────── 音声ダウンロード ────────

この教科書の音源は白水社ホームページ
（https://www.hakusuisha.co.jp/download/）から
ダウンロードすることができます。
（お問い合わせ先：text@hakusuisha.co.jp）

DL 001 ダウンロード音源収録箇所

音声収録：鄭鍾熙、朱炫姝
表紙画像：iStock
本文デザイン・イラスト：多田昭彦

はじめに

　近年、K-POP や韓国ドラマといったポップカルチャーの世界的なブームを受けて、韓国語を学ぶ人が急増しています。また、韓国は昔から日本に最も近い隣国であり、韓国語を理解することで文化交流やキャリア面で多くのチャンスが広がります。さらに、韓国語は日本語と文法構造が似ているため、日本人にとって習得しやすい言語です。

　本書は、初めて韓国語を学ぶ方のために書かれました。韓国語の文字であるハングルの学習から始め、初級レベルの約半分をカバーしています。本書を最後まで学べば、ハングルが読めるようになるだけでなく、自己紹介や家族の紹介、天気の話、計画、買い物、数字、過去の出来事、願望、予定、道案内など、基本的な会話ができるようになります。特に話す力を養うことに重点を置いており、授業では教師の指導のもと、ペアやグループでの練習を推奨しています。学習者同士の学び合いを通して、「できる」、「つながる」学習を進められるように設計されています。

　この教科書は、「学びのユニバーサルデザイン(UDL)」の理念に基づいています。UDL は、米国の CAST が提唱した、自分の学びを自分で舵取りできるようにするための学習フレームワークです。UDL においては、学習者が自分に合った学び方を選ぶことで、個別最適な学習を実現することができるとされています。また、学習を自分の生活に関連づけることで学習者はモチベーションを維持し、学習効果を高めることができるとされています。本書では、ペアやグループでの練習や宿題を通して、学習者が自分自身について韓国語で話せるようにデザインされています。韓国語の基礎を理解し、練習を重ねることで、身近な話題や親しみのあるトピックについて韓国語で話せるようになることを目指しています。

　また、本書は「国際通用韓国語標準過程」第 1 級レベルの語彙と表現を網羅しており、日常生活で必要な語彙がバランスよく取り入れられています。そのため、韓国語の基礎を固めたい方や、韓国語能力試験（TOPIK）1 級を目指す方にも役立つことが期待されます。本書に登場する語彙、会話表現は、「ヨーロッパ言語共通参照枠(CEFR)」の A1 レベルに相当します。

　この『Kスタート！』は、主に学校や教育機関での授業用教材としてご活用いただけます。韓国語の教師や学習仲間とともに、楽しく韓国語学習に取り組んでください。

2025 年春

著　者

目　次

❖ハングルの母音 21 字

ㅏ ㅓ ㅗ ㅜ ㅡ ㅣ ㅐ ㅔ

> 第1課では、
> 8つの母音を先に習います！

ㅑ ㅕ ㅛ ㅠ ㅒ ㅖ ㅘ ㅙ ㅚ ㅝ ㅞ ㅟ ㅢ

❖ハングルの子音 19 字

ㄱ ㄴ ㄷ ㄹ ㅁ ㅂ ㅅ ㅇ ㅈ ㅎ

ㅋ ㅌ ㅍ ㅊ ㄲ ㄸ ㅃ ㅆ ㅉ

I. 모음 (母音)❶

▶聞いて、発音しましょう　　　　　　　　　　　　　　DL 001

아 어 오 우 으 이 애 에

▶書いてみましょう

ㅏ	ㅓ	ㅗ	ㅜ
ㅏ	ㅓ	ㅗ	ㅜ
ㅡ	ㅣ	ㅐ	ㅔ
ㅡ	ㅣ	ㅐ	ㅔ

▶読みながら、書いてみましょう

아	아		
어	어		
오	오		
우	우		
으	으		
이	이		
애	애		
에	에		

▶聞いて、正しい発音を選びましょう　　　　　　　　DL 002

(例) ☑아　□어

(1) □오　□우　　　(2) □으　□이

(3) □애　□아　　　(4) □오　□어

(5) □으　□우　　　(6) □어　□애

(7) □이　□에　　　(8) □우　□애

▶次の単語を読んで、書いてみましょう

오	

오이	

이	

아이	

▶聞いて、書いてみましょう

問題1）	問題2）
問題3）	問題4）
問題5）	問題6）
問題7）	問題8）

❖ ハングルの母音 21 字

ㅏ ㅓ ㅗ ㅜ ㅡ ㅣ ㅐ ㅔ

ㅑ ㅕ ㅛ ㅠ ㅒ ㅖ ㅘ ㅙ ㅚ ㅝ ㅞ ㅟ ㅢ

❖ ハングルの子音 19 字

第1課では、
10個の子音を先に習います！

ㄱ ㄴ ㄷ ㄹ ㅁ ㅂ ㅅ ㅇ ㅈ ㅎ

ㅋ ㅌ ㅍ ㅊ ㄲ ㄸ ㅃ ㅆ ㅉ

Ⅱ. 자음 (子音) ❶

▶ 聞いて、発音しましょう

DL 005

가 나 다 라 마 바 사 아 자 하

▶ 書いてみましょう

ㄱ	ㄴ	ㄷ	ㄹ	ㅁ
ㄱ	ㄴ	ㄷ	ㄹ	ㅁ
ㅂ	ㅅ	ㅇ	ㅈ	ㅎ
ㅂ	ㅅ	ㅇ	ㅈ	ㅎ

9

	ㅏ	ㅓ	ㅗ	ㅜ	ㅡ	ㅣ	ㅐ	ㅔ
ㄱ	가	거	고	구	그	기	개	게
ㄴ	나							
ㄷ	다							
ㄹ	라							
ㅁ	마							
ㅂ	바							
ㅅ	사							
ㅇ	아							
ㅈ	자							
ㅎ	하							

▶聞いて、正しい発音を選びましょう　　　　DL 006

(例) ☑ **가**　□ **다**

(1) □ **자**　□ **사**　　(2) □ **러**　□ **저**

(3) □ **노**　□ **도**　　(4) □ **부**　□ **무**

(5) □ **으**　□ **흐**　　(6) □ **시**　□ **지**

(7) □ **내**　□ **래**　　(8) □ **메**　□ **세**

▶次の単語を読んで、書いてみましょう

가지	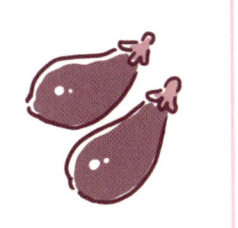

모자	

나무	

개	

어머니	

아버지	

▶聞いて、書いてみましょう

問題1）	問題2）
問題3）	問題4）
問題5）	問題6）
問題7）	問題8）
問題9）	問題10）

❖ハングルの母音 21 字

ㅏ ㅓ ㅗ ㅜ ㅡ ㅣ ㅐ ㅔ

ㅑ ㅕ ㅛ ㅠ ㅒ ㅖ ㅘ ㅙ ㅚ ㅝ ㅞ ㅟ ㅢ

❖ハングルの子音 19 字

ㄱ ㄴ ㄷ ㄹ ㅁ ㅂ ㅅ ㅇ ㅈ ㅎ

ㅋ ㅌ ㅍ ㅊ ㄲ ㄸ ㅃ ㅆ ㅉ

I. 모음 (母音) ❷

▶聞いて、発音しましょう   DL 009

야 여 요 유 얘 예 와 왜 외 워 웨 위 의

▶書いてみましょう

ㅑ	ㅕ	ㅛ	ㅠ	ㅒ	ㅖ	ㅘ
ㅑ	ㅕ	ㅛ	ㅠ	ㅒ	ㅖ	ㅘ

ㅙ	ㅚ	ㅝ	ㅞ	ㅟ	ㅢ
ㅙ	ㅚ	ㅝ	ㅞ	ㅟ	ㅢ

야	야		
여	여		
요	요		
유	유		
애	애		
예	예		
와	와		
왜	왜		
외	외		
워	워		
웨	웨		
위	위		
의	의		

(例) ☑ 야　□ 여

(1) □ 요　□ 유　　　(2) □ 애　□ 예

(3) □ 외　□ 워　　　(4) □ 위　□ 워

(5) □ 애　□ 왜　　　(6) □ 유　□ 웨

(7) □ 우　□ 위　　　(8) □ 이　□ 의

 ▶次の単語を読んで、書いてみましょう　　　　　　　　DL 011

우유		왜	
회사		의자	
의사		추워요	

Ⅱ. 자음 (子音) ❷

▶聞いて、発音しましょう

카 타 파 차 까 따 빠 싸 짜

▶書いてみましょう

ㅋ	ㅌ	ㅍ	ㅊ
ㅋ	ㅌ	ㅍ	ㅊ

ㄲ	ㄸ	ㅃ	ㅆ	ㅉ
ㄲ	ㄸ	ㅃ	ㅆ	ㅉ

▶読みながら、書いてみましょう

	ㅏ	ㅓ	ㅗ	ㅜ	ㅡ	ㅣ	ㅐ	ㅔ
ㅋ	카	커	코	쿠	크	키	캐	케
ㅌ	타							
ㅍ	파							
ㅊ	차							

	ㅏ	ㅓ	ㅗ	ㅜ	ㅡ	ㅣ	ㅐ	ㅔ
ㄲ	까							
ㄸ	따							
ㅃ	빠							
ㅆ	싸							
ㅉ	짜							

▶聞いて、正しい発音を選びましょう　　　DL 013

（例）☑ 가　□ 카　□ 까

(1) □ 도　□ 토　□ 또　(2) □ 부　□ 푸　□ 뿌

(3) □ 저　□ 처　□ 쩌　(4) □ 시　□ 지　□ 씨

(5) □ 개　□ 캐　□ 깨　(6) □ 디　□ 티　□ 띠

(7) □ 배　□ 패　□ 빼　(8) □ 자　□ 차　□ 짜

※ㅋㅌㅍㅊ のように「息を強く出す発音」のことを「激音」、
　ㄲㄸㅃㅆㅉ のように「息をほとんど出さない発音」のことを「濃音」と言います。

問題1）	問題2）
問題3）	問題4）
問題5）	問題6）
問題7）	問題8）
問題9）	問題10)

 10月9日は、ハングルの日

　毎年10月9日は、「ハングルの日(한글날)」です。世宗大王の一代記を記録した『世宗実録』によると、10月の初頭に（陰暦9月ごろ）、ハングルを一般百姓へ頒布したとされていることから、10月9日をハングルの日として指定しました。ハングルの日は、大韓民国の法定国慶日となっています。ハングルの日になると、韓国各地でハングルの創製を祝い、世宗の業績を讃えるための様々な行事が行われます。

❖パッチムと代表音

パッチム	パッチムの音 (代表音)
ㄱ , ㄲ , ㅋ	[ㄱ]
ㄴ	[ㄴ]
ㄷ , ㅌ , ㅅ , ㅆ , ㅈ , ㅊ , ㅎ	[ㄷ]
ㄹ	[ㄹ]
ㅁ	[ㅁ]
ㅂ , ㅍ	[ㅂ]
ㅇ	[ㅇ]

Ⅰ. 받침 (パッチム)

▶聞いて、発音しましょう

DL 015

악　안　앋　알　암　압　앙

▶書いて、読んでみましょう

아 + ㄱ	악		
도 + ㄴ	돈		
바 + ㄷ	받		

기 + ㄹ	길		
차 + ㅁ	참		
지 + ㅂ	집		
빠 + ㅇ	빵		

▶ 読みながら、書いてみましょう

안녕	안녕		
사랑	사랑		
감사	감사		
학교	학교		
반	반		
팔	팔		
법	법		
벚꽃	벚꽃		
같다	같다		

　ハングルの音は、文章の中で様々な発音規則によって変化します。ここでは、代表的な音の変化を紹介します。音の変化には例外も多いです。予め全てのルールを覚えるのは不可能ですし、母語話者も間違えることはあります。目を通しておいて、今後新しい単語を覚えるたびに、正しい発音を確認するようにしましょう。

1．連音

　パッチムが母音で始まる助詞・接尾辞と結合する場合、パッチムの音は後ろの音節に移動することがあります。音価のない「空欄」、「隙間」に音が移動するイメージです。このような現象を「リエゾン」とも呼びます。世界の様々な言語でこのような現象が観察されます。

옷이 ➡ [오시] / 있어 ➡ [이써] / 낮이 ➡ [나지] / 꽃을 ➡ [꼬츨]

2．同化

　パッチムの音が後ろに続く子音の音と結合し、新しい音を作る場合があります。このような現象を「音の同化」と呼びます。様々な同化現象があるうえに、例外も多いので単語単位で覚えていく必要があります。

먹는 ➡ [멍는] / 굳이 ➡ [구지] / 담력 ➡ [담녁] / 항로 ➡ [항노]

3．パッチムㅎの結合

　子音ㅎは「息を吐くような発音」です。パッチムㅎは、後ろに続く子音ㄱ, ㄷ, ㅈなどに「息」を足してㅋ, ㅌ, ㅊに聞こえるような音の変化を起こします。

놓고 ➡ [노코] / 좋던 → [조턴] / 쌓지 ➡ [싸치] / 많고 ➡ [만코]

4．濃音化

　パッチムㄱ（ㄲ, ㅋ, ㄳ, ㄺ）、ㄷ（ㅅ, ㅆ, ㅈ, ㅊ, ㅌ）、ㅂ（ㅍ, ㄼ, ㄿ, ㅄ）の後ろに続くㄱ, ㄷ, ㅂ, ㅅ, ㅈは濃音化します。

국밥 ➡ [국빱] / 닭장 ➡ [닥짱] / 꽃다발 ➡ [꼳따발] / 옆집 ➡ [엽찝]

　※ハングルには、ㄶ, ㄺ, ㄿのような「二重パッチム」もあります。「二重パッチム」は、2つのパッチムのうちいずれかの発音のみで読むのが原則です。

問題1）	問題2）
問題3）	問題4）
問題5）	問題6）
問題7）	問題8）
問題9）	問題10）
問題11）	問題12）
問題13）	問題14）

안녕하세요?	おはようございます。 こんにちは。 こんばんは。
안녕히 가세요.	さようなら。 （その場所にしばらく残る人が言う）
안녕히 계세요.	さようなら。 （その場所から先に去る人が言う）
감사합니다. / 고맙습니다.	ありがとうございます。
죄송합니다. / 미안합니다.	すみません。
보세요.	見てください。
들으세요.	聞いてください。
따라 하세요.	私の後について繰り返してください。
읽으세요.	読んでください。
쓰세요.	書いてください。
질문 있어요?	質問ありますか？
대답하세요.	答えてください。
알겠어요.	分かりました。
모르겠어요.	分かりません。
네.	はい。
아니요.	いいえ。
잘했어요.	よくできました。
좋아요.	いいです。

韓国語は日本語に似ている！

　皆さんは「韓国語は日本語に似ている」、「韓国語と日本語は語順が同じ」と聞いたことはありますか。これは本当なのです！ 韓国語は文の構造や文法体系が日本語に類似している言語で、語彙の使用においても共通するところがあります。日本語話者にとっては「学びやすい外国語」とも言えるでしょう。

1．韓国語と日本語は文の構造（語順）が似ている。

　世界にはいろいろな言語があって、文の構造もそれぞれ違います。例えば、英語や中国語のような言語は、いわゆる「S（主語）＋V（動作）＋O（目的語）型の言語」と言われます。韓国語は「S＋O＋V型の言語」で、日本語と同じ語順で文をつくります。

> 英　語　I　　　eat　　　sushi.
> 　　　　私は　食べます　寿司を
> 韓国語　나는　스시를　먹습니다 .
> 　　　　私は　寿司を　食べます（日本語と同じ語順）

2．韓国語の文法体系は日本語に似ている。

　膠着語_{こうちゃくご}という言葉を聞いたことはありますか。少し難しい概念ですが、意味を持つ語幹に接尾辞などがついて意味の変化を起こす言語のことを膠着語と言います。韓国語も日本語も、代表的な膠着語とされていて、その体系が非常に似ていることが分かっています。

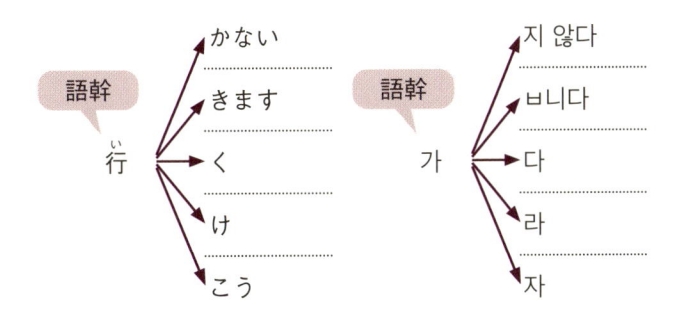

3．韓国語にも「漢字語」が多く用いられる。

　韓国語にも漢字語が用いられ、その多くは日本語語彙と同じ漢字が使用されます。もちろん漢字語と言っても韓国語読みをすると日本語語彙とは異なる発音になりますが、韓国語の漢字語は音読みをするのが基本なのでなんとなく日本語の音読みと音が似ていることもあります。例えば、「市民」、「道路」、「運動」などがそうです。ただし、韓国では漢字語であってもハングル表記をするのが一般的です。

제 4 과 안녕하세요 ? 저는 유미라고 해요 .

こんにちは。私はユミと言います。

❖ クラスの学習目標

· 자기소개를 합시다 .　　　自己紹介をしましょう。

❖ 私の学習目標＆学習方法

教員と相談して自身の「学習目標」や「学習方法」について考えてみましょう。

· _____

· _____

Ⅰ. 저는 유미라고 해요 .　　私はユミと言います。

 ▶ 会話　　　　　　　　　　　　　　　　　　DL 019

유미 : 안녕하세요 ?
　　　저는 유미라고 해요 .

진영 : 네 , 안녕하세요 ?
　　　저는 진영이라고 합니다 .

유미 : 만나서 반가워요 .

진영 : 저도요 .
　　　앞으로 잘 부탁합니다 .

24

~라고 / 이라고 합니다 .　　　　　～と言います (より丁寧)

~라고 / 이라고 해요 .　　　　　～と言います (少しカジュアル)

저는 유미**라고 해요** .

저는 진영**이라고 해요** .

저는 수지**라고 합니다** .

제 친구 리암**이라고 합니다** .

 ▶練習

(A　　), (B　　), (C　　) に自分とペア、グループメンバーの名前を書きましょう。

ペアで話しましょう。

(A　　　　　): 안녕하세요 ? 저는 _____ 라고 / 이라고 해요 .

(B　　　　　): 네 , 안녕하세요 ? 저는 _____ 라고 / 이라고 합니다 .

(A　　　　　): 만나서 반가워요 .

(B　　　　　): 저도요 . 앞으로 잘 부탁합니다 .

グループで話しましょう。

(A　　　　　): 안녕하세요 ? 저는 _____ 라고 / 이라고 해요 .

(B　　　　　): 네 , 안녕하세요 ? 저는 _____ 라고 / 이라고 합니다 .

(A　　　　　): 만나서 반가워요 .

　　　　　이 분은 제 친구 (C　　　　　) 라고 / 이라고 해요 .

(C　　　　　): 안녕하세요 ? (C　　　　　) 라고 / 이라고 해요 .

(B　　　　　): 네 , 반가워요 . 잘 부탁합니다 .

(C　　　　　): 저도 잘 부탁해요 .

⑥ ▶聞いて / 答える

DL 021

聞いて、答えましょう。

Q: 저는 유미라고 해요 .
A: 저는 진영이라고 해요 .

Q: 만나서 반가워요 .
A: 네 , 반갑습니다 .

Q: 제 친구 리암이라고 해요 .
A: 리암 씨 , 안녕하세요 ?

Q: 저 여자가 유미 씨예요 ?
A: 네 , 유미 씨예요 .

Q: 저 남자가 진영 씨예요 ?
A: 네 , 진영 씨예요 .

【単語】 **저** あの　**여자** 女の人　**남자** 男の人　㊔ **예요 / 이에요** ㊔ です

聞いて、答えましょう。

Q: 저는 ______ 라고 / 이라고 해요 .
A: ______________________

Q: 만나서 반가워요 .
A: ______________________

Q: 제 친구 ______ 라고 / 이라고 해요 .
A: ______________________

Q: 저 여자가 ______ 예요 / 이에요 ?
A: ______________________

Q: 저 남자가 ______ 예요 / 이에요 ?
A: ______________________

Ⅱ. 제 이름은 김진영입니다.

私の名前はキム・ジニョンです。

DL 022

▶会話

유미 : 안녕하세요 ? 저는 유미예요 .

진영 : 네 , 안녕하세요 ? 제 이름은 김진영입니다 .

유미 : 진영 씨 , 만나서 반가워요 .

진영 : 유미 씨는 한국 사람이에요 ?

유미 : 아니요 , 저는 한국 사람이 아니에요 .
일본 사람이에요 .

▶文法

DL 023

名입니다.　名예요 /이에요.　名です

名입니까 ?　名예요 /이에요 ?　名ですか？

名이 /가 아닙니다.　名이 /가 아니에요.　名ではありません

저는 유미**입니다** .

제 이름은 김진영**입니다** .

저는 수지**예요** .

제 친구 리암**이에요** .

유미 씨는 일본 사람**입니다** .

진영 씨는 한국 사람**이에요 ?**

이 가방은 유미 씨 가방**입니까 ?**

네 , 제 가방**이에요** .

아니요 , 제 가방**이 아니에요** . 진영 씨 가방**이에요** .

 ▶練習

ペアで話しましょう。

(A　　　　　　　): 안녕하세요? 저는 ＿＿＿＿＿＿ 예요 / 이에요.

(B　　　　　　　): 네, 안녕하세요? 제 이름은 ＿＿＿＿＿＿ 입니다.

(A　　　　　　　): (B　　　　　) 씨, 만나서 반가워요.

(B　　　　　　　): (A　　　　　) 씨는 ＿＿＿＿＿＿ 사람이에요?

(A　　　　　　　): ＿＿＿＿＿＿＿＿＿＿＿＿＿＿＿＿＿＿＿.

以下の単語をつかって、もっと話しましょう。

【単語】 **어느 나라 사람** どの国の人　**베트남** ベトナム　**중국** 中国　**태국** タイ　**프랑스** フランス
미국 米国　**영국** 英国　**필리핀** フィリピン　**몽골** モンゴル　**고향** 故郷　**서울** ソウル
도쿄 東京　**자카르타** ジャカルタ　**타이페이** 台北

(A　　　　　　　): 안녕하세요? 저는 ＿＿＿＿＿＿ 예요 / 이에요.

(B　　　　　　　): 네, 안녕하세요? 제 이름은 ＿＿＿＿＿＿ 입니다.

(A　　　　　　　): 만나서 반가워요.

(B　　　　　　　): (A　　　　　　) 씨는 어느 나라 사람이에요?

(A　　　　　　　): 네, 저는 ＿＿＿＿＿＿ 사람이에요.

　　　　　　　　　(B　　　　　　) 씨는 어느 나라 사람이에요?

(B　　　　　　　): 네, 저는 ＿＿＿＿＿＿ 사람이에요.

　　　　　　　　 제 고향은 ＿＿＿＿＿＿ 입니다.

聞いて、答えましょう。

Q: 이름이 뭐예요 ?　　　A: 유미예요 .

Q: 어느 나라 사람이에요 ?　　　A: 일본 사람이에요 .

Q: 고향이 어디예요 ?　　　A: 도쿄예요 .

Q: 학생이에요 ?　　　A: 네 , 대학생이에요 .

Q: 어느 학교 학생이에요 ?　　　A: _____ 학생이에요 .

Q: 전공이 뭐예요 ?　　　A: 제 전공은 한국어예요 .

【単語】 **학생** 学生　**전공** 専攻　**학교** 学校　**초등학교** 小学校　**중학교** 中学校　**고등학교** 高等学校
대학교 大学　**어디** どこ

聞いて、答えましょう。

Q: 이름이 뭐예요 ?　　　A: _____

Q: 어느 나라 사람이에요 ?　　　A: _____

Q: 고향이 어디예요 ?　　　A: _____

Q: 학생이에요 ?　　　A: _____

Q: 어느 학교 학생이에요 ?　　　A: _____

Q: 전공이 뭐예요 ?　　　A: _____

Ⅲ . 어느 나라 사람입니까 ?

どこの国の人ですか ?

▶聞き取り

DL 025

聞いて、答えましょう。

1. 남자는 학생입니까 ?　　　_____

2. 여자는 학생입니까 ?　　　_____

3. 남자는 일본 사람입니까 ?　　　_____

4. 여자는 어느 나라 사람입니까 ?　　　_____

5. 남자의 고향은 어디입니까 ?　　　_____

クラスメイトにインタビューしましょう。

A: 안녕하세요 ?

B: 네 , 안녕하세요 ?

A: 이름이 뭐예요 ?

B: 저는 리노라고 합니다 . 이름이 뭐예요 ?

A: 저는 준이에요 .

B: 준 씨는 어느 나라 사람이에요 ?

A: 저는 중국 사람이에요 . 리노 씨는요 ?

B: 저는 일본 사람이에요 .

クラスメイト 1.

이름
（日本語）

이름
（한글）

고향

クラスメイト 2.

이름
（日本語）

이름
（한글）

고향

クラスメイト 3.

이름
（日本語）

이름
（한글）

고향

☑学習の振り返り

☑韓国語で簡単な自己紹介ができますか？　➡　☐ _____

☑どんな方法で勉強しましたか？　➡　☐ _____

☑次の授業までに復習が必要な箇所はありますか？➡　☐ _____

韓国語にも「敬語」がある！

　韓国の社会では、上下関係が重視される傾向があります。年長者や地位の高い人に対しては、敬意を持って接することが求められます。特に、年上の人には「敬語」を使うことが非常に重要です。年長者や初対面の人には敬意を込めた敬語を使い、年下や自分より地位の低い人には丁寧な言葉遣いをします。

　韓国語の敬語にはいくつか種類がありますが、基本的なものは「尊敬語」と「謙譲語」の2つです。尊敬語は相手に敬意を示すために使われます。日本語で言うと、動詞や形容詞の語尾に「です／ます」をつけるイメージです。また、日本語で「食べる」を「召し上がる」に言い換えるような表現が、韓国語にもあります。一方、謙譲語は自分をへりくだるために使います。例えば、日本語の「する」を「致す」に言い換えるような表現が韓国語にも存在します。敬語の使い方は、相手との関係や状況によって異なり、年齢や地位、社会的な関係に応じて使い分ける必要があります。

　韓国語の敬語は、日本語の敬語と同じように、重要なコミュニケーションスキルと言えるでしょう。皆さんが韓国語の能力をもう少し上達させ、中級レベルに達すると、友達同士や年下の人と使う「パンマル」と呼ばれるくだけた表現も学ぶことになります。韓国語の敬語の使い方は日本語と似ていますし、パンマルもそれほど難しくないので、心配する必要はありません。まずは丁寧な言葉遣いができるように、この先も韓国語の学習を頑張りましょう！

제 5 과　이 사람이 우리 오빠예요 .

❖ クラスの学習目標

・가족을 소개합시다 .　　　家族を紹介しましょう。

❖ 私の学習目標＆学習方法

・_____

・_____

Ⅰ . 우리 오빠예요 .　私の兄です。

▶ 会話　　　　　　　　　　　　　　　DL 027

진영 : 이 분이 아버지예요 ?

유미 : 네 , 우리 아버지예요 .

진영 : 이 분이 어머니예요 ?

유미 : 네 , 맞아요 . 우리 어머니예요 .

진영 : 이 분은 누구예요 ?

유미 : 이 사람이 우리 오빠예요 .
　　　대학생이에요 .

진영 : 동생도 있어요 ?

유미 : 아니요 , 동생은 없어요 .

진영 : 가족 사진이 참 잘 나왔어요 .

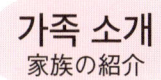

가족 소개
家族の紹介

할아버지
（お爺さん）

할머니
（お婆さん）

아버지 / 아빠
（お父さん）

어머니 / 엄마
（お母さん）

오빠 / 형
（お兄さん）

언니 / 누나
（お姉さん）

나
（私）

남동생
（弟）

여동생
（妹）

 ▶文法

~있습니다 / 없습니다 . ～います・あります / いません・ありません (より丁寧)

~있어요 / 없어요 . ～います・あります / いません・ありません (少しカジュアル)

저는 오빠가 **있어요** .

저는 누나가 **있어요** . 대학생이에요 .

남동생이 **있어요** ?

네 , 남동생이 한 명 **있어요** .

아니요 , 남동생은 **없어요** . 여동생이 두 명 **있어요** .

▶練習

家族写真を見せ合いながら、お互いに質問してみましょう。

(A): 이 분은 누구예요 ?

(B): 우리 할아버지예요 .

(A): 이 분이 언니예요 ?

(B): 아니요 , 언니가 아니에요 . 여동생이에요 .

グループで話しましょう。

(A): 형제가 있어요 ?

(B): 네 , 저는 _____ 이 / 가 있어요 .

(C): 저는 _____ 이 / 가 없어요 . 외동이에요 .

(A): _____ 은 / 는 학생이에요 ?

(B): 네 , 우리 _____ 은 / 는 학생이에요 .

(C): 아니요 , 우리 _____ 은 / 는 학생이 아니에요 .
회사원이에요 .

【単語】 **형제** 兄弟　**외동** 一人っ子　**회사원** 会社員

▶聞いて / 答える　　　　　　　　　　　　　　DL 030

聞いて、答えましょう。

Q: 이 아이는 누구예요 ?　　A: 우리 딸이에요 .

Q: 이 아이가 아들이에요 ?　A: 네 , 우리 아들이에요 .

Q: 이 분이 남편이에요 ?　　A: 네 , 맞아요 .

Q: 아내 분은 회사원이에요 ?　A: 네 , 회사원이에요 .

Q: 부모님은 일본에 계세요 ?　A: 아니요 , 한국에 계세요 .

【単語】 **아들** 息子　**딸** 娘　**남편** 夫　**아내** 妻　**부모님** 両親　**아이** 子供、幼い子
계세요 いらっしゃいます

聞いて、答えましょう。

Q: 이 _____ 은 / 는 누구예요 ?   A: _____

Q: 이 _____ 이 / 가 _____ 이에요 / 예요 ?   A: _____

Q: 이 분이 _____ 이에요 / 예요 ?   A: _____

Q: _____ 은 / 는 _____ 이에요 ? / 예요 ?   A: _____

Q: _____ 은 / 는 일본에 계세요 ?   A: _____

Ⅱ. 어머니는 선생님이에요 . 학교에서 일해요 .

母は教師です。
学校で働きます。

 ▶ 会話   DL 031

유미 : 이 분이 어머니예요 ?

진영 : 네 , 어머니 사진이에요 .
　　　우리 어머니는 의사예요 .

유미 : 아버지도 의사예요 ?

진영 : 아니요 , 아버지는 회사원이에요 .

유미 : 우리 아버지도 회사원이에요 .

진영 : 어머니는요 ?

유미 : 어머니는 선생님이에요 .
　　　학교에서 일해요 .

【単語】 ㊷ 은 / 는요 ? ～は（どうですか）？

직업과 장소
職業と場所

학생
（学生）

선생님
（先生，教師）

학교
（学校）

의사
（医者）

간호사
（看護師）

병원
（病院）

주부
（主婦）

집
（家）

아르바이트
（アルバイト）

편의점
（コンビニ）

가수
（歌手）

배우
（俳優）

방송국
（放送局）

 ▶文法

DL 033

~에서 일해요．

~을/를 해요．

~で 働きます。

~を します。

어머니는 선생님이에요．학교**에서 일해요**．

아버지는 의사예요．병원**에서 일해요**．

언니는 주부예요．집**에서 일해요**．

형은 편의점**에서** 아르바이트**를 해요**．

 **▶練習**

ペアで話しましょう。

(A): 오빠가 있어요? 오빠 직업이 뭐예요?

(B): 우리 오빠는 간호사예요. 병원에서 일해요.

(A): _____ 직업이 뭐예요?

(B): 우리 _____ 은 / 는 _____ 이에요 / 예요.

_____ 에서 일해요.

以下の単語をつかって、もっと話しましょう。

【単語】 **대학교** 大学　**도서관** 図書館　**직원** 職員　**종업원** 従業員、スタッフ　**커피숍** コーヒーショップ
호텔 ホテル　**요리사** シェフ　**식당** 食堂　**슈퍼마켓** スーパーマーケット　**우체국** 郵便局
지하철역 地下鉄の駅

(A): _____ 직업이 뭐예요?

(B): 우리 _____ 은 / 는 _____ 이에요 / 예요.

_____ 에서 일해요.

▶聞いて / 答える　　　　　　　　　　　　　　　　　　　　　　　DL 034

聞いて、答えましょう

Q: 직업이 뭐예요?　　　　　　A: 간호사예요.

Q: 언니 직업이 뭐예요?　　　A: 언니는 요리사예요.

Q: 남동생은 뭐 해요?　　　　A: 호텔 직원이에요.

Q: 여동생은 어디에서 일해요?　A: 커피숍에서 일해요.

Q: 남자 친구는 뭐 해요?　　　A: 학생이에요.

Q: 여자 친구는 뭐 해요?　　　A: 도서관에서 일해요.

【単語】 **남자 친구** 彼氏　**여자 친구** 彼女

聞いて、答えましょう。

Q: _____ 직업이 뭐예요 ?　　　　A: _____

Q: _____은 / 는 뭐 해요 ?　　　　A: _____

Q: _____은 / 는 어디에서 일해요 ?　A: _____

Q: 남자 친구는 뭐 해요 ?　　　　A: _____

Q: 여자 친구는 뭐 해요 ?　　　　A: _____

Ⅲ. 직업은 무엇입니까 ?　　　職業は何ですか？

 ▶聞き取り　　　　　　　　　　　　　DL 035

聞いて、答えましょう。

문제 (1)

1. 남자의 직업은 무엇입니까 ?　　_____

2. 남자는 어디에서 일해요 ?　　_____

3. 여자의 직업은 무엇입니까 ?　　_____

4. 여자는 어디에서 일해요 ?　　_____

문제 (2)

1. 남자의 직업은 무엇입니까 ?　　_____

2. 남자는 어디에서 일해요 ?　　_____

3. 여자의 직업은 무엇입니까 ?　　_____

4. 여자는 어디에서 일해요 ?　　_____

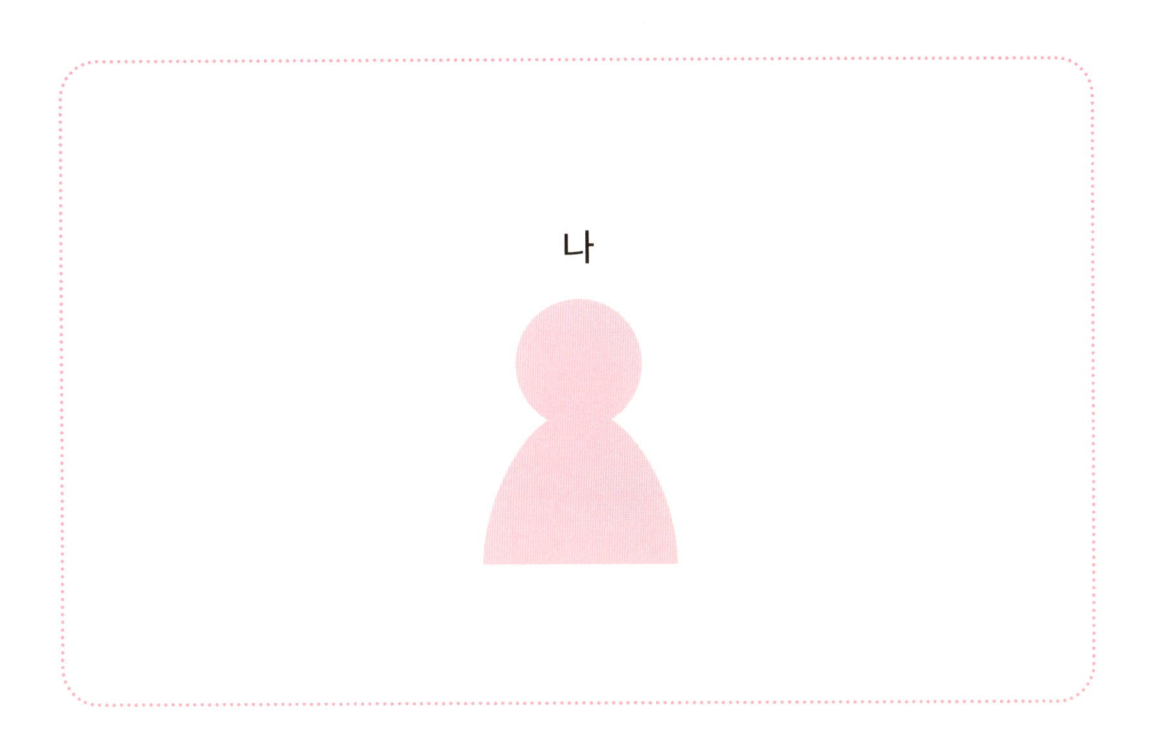

👥 ▶活動

家族を描いてみましょう。クラスメイトの描いた家族の絵を見ながら質問しましょう。

나

☑学習の振り返り

☑韓国語で家族を紹介することができますか？　　➡　☐ _____

☑家族や友達の職業について話すことができますか？　➡　☐ _____

☑次の授業までに復習が必要な箇所はありますか？　➡　☐ _____

오늘은 날씨가 참 좋습니다.

今日は天気がとてもいいです。

❖ クラスの学習目標

· 날씨에 대해서 이야기합시다.　天気について話しましょう。

❖ 私の学習目標＆学習方法

· _____

· _____

Ⅰ. 날씨가 좋아요.

天気がいいです。

 ▶ 会話

DL 036

진영 : 밖에 날씨가 어때요?

유미 : 오늘은 날씨가 참 좋아요.

진영 : 더워요?

유미 : 아니요, 덥지 않습니다.

진영 : 내일도 날씨가 좋아요?

유미 : 내일은 흐립니다.
　　　뉴스에서 봤어요.

진영 : 춥습니까?

유미 : 네, 조금 춥습니다.

> 形 + ㅂ니다 /습니다 　　　　　　 形です（より丁寧）
> 形 + 아요 /어요 /해요 　　　　　 形です（少しカジュアル）

< 形＋ㅂ니다 / 습니다 : 形＋です（より丁寧）>

形容詞 + ㅂ니다		形容詞 + 습니다		ㄹ不規則	
나쁘다	나쁩니다	좋다	좋습니다	달다	답니다
흐리다	흐립니다	덥다	덥습니다	힘들다	힘듭니다
따뜻하다	따뜻합니다	춥다	춥습니다		
시원하다	시원합니다	맑다	맑습니다		
예쁘다	예쁩니다	많다	많습니다		

날씨가 참 **좋습니다** .

내일은 **흐립니다** . 조금 **춥습니다** .

한국은 지금 **따뜻합니까** ?

일본은 **시원합니다** .

음식이 조금 **답니다** .

사람이 **많습니다** .

< 形+아요 / 어요 / 해요 : 形+です (少しカジュアル) >

形容詞 + 아요		形容詞 + 어요		形容詞 + 해요	
좋다	좋아요	흐리다	흐려요	따뜻하다	따뜻해요
맑다	맑아요	길다	길어요	시원하다	시원해요
많다	많아요	ㅂ不規則		으不規則	
달다	달아요	덥다	더워요	나쁘다	나빠요
괜찮다	괜찮아요	춥다	추워요	예쁘다	예뻐요

날씨가 참 **좋아요** .　　　　내일은 **흐려요** . 조금 **추워요** .

한국은 지금 **따뜻해요 ?**　　일본은 **시원해요 .**

 ▶練習

< 形+ㅂ니다 / 습니다 : 形+です (より丁寧) >

形容詞 + ㅂ니다		形容詞 + 습니다		ㄹ不規則	
싸다		가볍다		멀다	
비싸다		무겁다		길다	
바쁘다		맛있다			
빠르다		맛없다			
느리다		맵다			

김밥이 참 **(맛있습니다)** .　　신칸센은 **(　　　　　)** .

김치가 조금 **(　　　　　)** .

< 形 + 아요 / 어요 / 해요 : 形 + です（少しカジュアル） >

形容詞 + 아요		形容詞 + 어요		形容詞 + 해요	
비싸다		느리다		조용하다	
싸다		맛있다		깨끗하다	
높다		ㅂ不規則		으不規則	
낮다		가깝다		바쁘다	
작다		맵다		슬프다	

이 호텔은 (　**깨끗해요**　).　　　저는 요즘 (　　　　　).

김치가 조금 (　　　　　).

DL 038

※否定形の안〜と、＋지 않다

이 김치는 **안** 맵습니다 .

이 김치는 맵**지 않습니다** .

▶聞いて / 答える

DL 039

聞いて、答えましょう。

Q: 오늘 날씨가 어때요 ?　　　A: 날씨가 좋아요 .

Q: 교실이 덥습니까 ?　　　　A: 네 , 조금 더워요 .

Q: 내일 날씨가 맑아요 ?　　　A: 모르겠어요 .

Q: 한국의 겨울은 춥습니까 ?　A: 네 , 많이 추워요 .

Q: 일본의 여름은 더워요 ?　　A: 네 , 조금 더워요 .

【単語】 **오늘** 今日　**내일** 明日　**교실** 教室　**여름** 夏　**겨울** 冬　**많이** とても　**〜의** 〜の

聞いて、答えましょう。

Q: 오늘 날씨가 어때요 ? A: _____

Q: 교실이 덥습니까 ? A: _____

Q: 내일 날씨가 맑아요 ? A: _____

Q: _____의 겨울은 춥습니까 ? A: _____

Q: _____의 여름은 더워요 ? A: _____

Ⅱ. 봄에 따뜻하고 , 가을에는 시원해요 .
春は暖かく、秋は涼しいです。

 ▶会話   DL 040

유미 : 어느 계절을 좋아해요 ?

진영 : 저는 봄을 좋아해요 .
어느 계절을 좋아합니까 ?

유미 : 저도 봄을 좋아해요 .
가을도 좋아하고요 .

진영 : 일본의 봄은 따뜻해요 ?

유미 : 봄에 따뜻하고 , 가을에는 시원해요 .

진영 : 겨울은 추워요 ?

유미 : 네 , 조금 추워요 .

【単語】 ~고 ~て、~し、~だし

 ▶ 単語

 DL 041

사계절
四季

봄	여름	가을	겨울
따뜻해요 따뜻합니다	더워요 덥습니다	시원해요 시원합니다	추워요 춥습니다

 ▶ 文法

DL 042

~을 /를 좋아합니다 . ～が好きです(より丁寧)

~을 /를 좋아해요 . ～が好きです(少しカジュアル)

저는 봄을 **좋아해요** .

저도 봄**을 좋아합니다** . 여름도 **좋아하고요** .

어느 과일을 제일 **좋아해요 ?**

사과**를** 제일 **좋아해요** . 바나나도 **좋아해요** .

▶ 練習

ペアで話しましょう。

(A　　　　　): 어느 계절을 제일 좋아해요 ?

(B　　　　　): 저는 _____ 을 / 를 좋아해요 .

　　　　　　　(A　　　　) 씨는요 ?

(A　　　　　): 저는 _____ 을 / 를 좋아해요 .

　　　　　　_____ 의 _____ 은 / 는 추워요 ?

(B　　　　): _____ .

(A　　　　): _____ 의 _____ 은 / 는 _____ ?

(B　　　　): _____ .

(1) 어느 계절을 제일 좋아해요 ?	봄
	여름
	가을
	겨울
(2) 어느 과일을 제일 좋아해요 ?	사과
	바나나
	귤
	딸기
(3) 어떤 음식을 좋아해요 ?	삼계탕
	잡채
	비빔밥
	불고기
(4) 어느 케이팝 가수를 제일 좋아해요 ?	
(5) 한국 드라마를 좋아해요 ? 뭐 봤어요 ?	

【単語】 **어느** どの　**사과** りんご　**바나나** バナナ　**귤** みかん　**딸기** イチゴ　**삼계탕** 参鶏湯　**잡채** チャプチェ

Ⅲ. 내일 날씨는 어떻습니까 ?　　明日の天気はどうですか？

▶聞き取り　　　　　　　　　　　　　　　　　　　　DL 044

聞いて、答えましょう。

1. 오늘 날씨는 어떻습니까 ?　　_____

2. 내일 날씨는 어떻습니까? _____

3. 한국의 여름은 덥습니까? _____

4. 태국의 겨울은 춥습니까? _____

5. 남자는 어느 계절을 좋아합니까? _____

 ▶活動　　　　　　　　　　　　　　　　　　　　DL 045

教室にある物を韓国語で調べましょう。丸の部分は、各自で気になる物の名前を調べましょう。

시계　　　　（　　　　　　）　　（　　　　　　）　　（　　　　　　）

   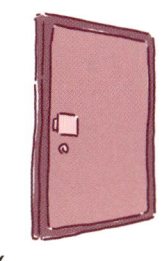

（　　　　　　）　　（　　　　　　）　　（　　　　　　）　　（　　　　　　）

（　　　　　　）　　（　　　　　　）　　（　　　　　　）　　（　　　　　　）

☑学習の振り返り

☑天気について話すことができますか？　　➡　☐ _____

☑好きなものについて話すことができますか？　　➡　☐ _____

☑次の授業までに復習が必要な箇所はありますか？　➡　☐ _____

来週、韓国へ行きます。

❖クラスの学習目標
· 계획에 대하여 이야기합시다.　計画について話しましょう。
· 주문합시다.　注文しましょう。

❖私の学習目標＆学習方法
· _____
· _____

Ⅰ. 일요일에 뭐 해요?

日曜日に何をしますか？

 ▶会話　　　　　　　　　　　　　　　　　　DL 046

진영 : 유미 씨, 일요일에 뭐 해요?

유미 : 한국에 가요.

진영 : 그래요? 한국 어디요?

유미 : 부산에요. 친구 결혼식이 있어요. 진영 씨는요?

진영 : 저도 한국에 가요. 서울에 가요.

유미 : 서울에서 뭐 해요?

진영 : 집에 가요. 부모님을 만나요.

유미 : 저도 다음 주는 서울에 있어요.

진영 : 그럼 우리 집에 와요.
　　　 같이 밥 먹고 서울에서 놀아요.

> 動 + ㅂ니다 /습니다 .　　　　　　　　動ます（より丁寧）
> 動 + 아요 /어요 /해요 .　　　　　　　動ます（少しカジュアル）

< 動＋ㅂ니다 / 습니다 : 動＋ます（より丁寧） >

動詞 + ㅂ니다		動詞 + 습니다		ㄹ不規則	
가다	갑니다	듣다	듣습니다	놀다	놉니다
마시다	마십니다	먹다	먹습니다	만들다	만듭니다
만나다	만납니다	읽다	읽습니다	살다	삽니다
배우다	배웁니다	돕다	돕습니다	열다	엽니다
보다	봅니다	묻다	묻습니다	울다	웁니다

다음 주에 한국에 **갑니다** .

케이팝을 **듣습니다** .

어디에 **갑니까 ?**

제이팝을 **듣습니까 ?**

저는 한국어를 **배웁니다** .

책을 **읽습니다** .

도쿄에 **삽니다** .

어디에 **삽니까 ?**

< 動＋아요 / 어요 / 해요 : 動＋ます(少しカジュアル) >

動詞 + 아요		動詞 + 어요		動詞 + 해요	
가다	가요	마시다	마셔요	하다	해요
만나다	만나요	먹다	먹어요	공부하다	공부해요
보다	봐요	배우다	배워요	ㄷ不規則	
살다	살아요	쓰다	써요	듣다	들어요
오다	와요	사귀다	사귀어요	걷다	걸어요

저는 한국어를 **배워요**.

어디에 **살아요**? 저는 신주쿠에 **살아요**.

※ 動＋아요 / 어요 / 해요 は、様々な意味を持って広く使用されます。例えば、「＋ます形」以外にも、「命令（〜なさい、〜てください）」、「勧誘（〜ましょう）」の表現として使用されることもあります。一方で ㅂ니다 / 습니다 は、このような命令や勧誘の意味合いは持ちません。

 ▶練習

< 動＋ㅂ니다 / 습니다 : 動＋ます(より丁寧) >

動詞 + ㅂ니다		動詞 + 습니다		ㄹ不規則	
가르치다		앉다		(물건을) 들다	
기다리다		웃다		(하지) 말다	
나가다		입다		(바람이) 불다	
모르다		찾다		팔다	
사다		씻다		알다	

죄송합니다. 저는 중국어를 (**모릅니다**).

결혼식 때 한복을 ( ).

요즘은 일본 슈퍼마켓에서도 한국 음식을 ( ).

<動+아요 / 어요 / 해요 : 動+ます(少しカジュアル)>

動詞 + 아요		動詞 + 어요		動詞 + 해요	
나가다		가르치다		좋아하다	
사다		기다리다		싫어하다	
앉다		웃다		ㄷ不規則	
찾다		입다		듣다	
자다		씻다		묻다	

아버지 생신 선물을 (**사요**).

자기 전에 얼굴을 ( ).

저는 과일 중에 포도를 제일 ( ).

DL 048

※否定形の 안〜と、＋지 않다

이번 주는 학교에 **안** 갑니다 .

이번 주는 학교에 가**지 않습니다** .

DL 049

 ▶聞いて / 答える

聞いて、答えましょう。

Q: 일요일에 뭐 해요 ?　　A: 한국에 가요 .

Q: 월요일에 누구를 만나요 ?　　A: 친구를 만나요 .

Q: 커피를 마셔요 ?　　A: 아니요 , 안 마셔요 .

Q: 휴가 때 어디에 갑니까 ?　　A: 발리에 갑니다 .

Q: 어떤 운동을 합니까 ?　　A: 등산을 합니다 .

【単語】 **휴가** 休暇　　**운동** 運動　　**발리** バリ島　　**등산** 登山

Q: 일요일에 뭐 해요 ? A: _____

Q: 다음 주에 누구를 만나요 ? A: _____

Q: 콜라를 마셔요 ? A: _____

Q: 휴가 때 어디에 갑니까 ? A: _____

Q: 어떤 운동을 합니까 ? A: _____

Ⅱ. 오렌지 주스를 주문합시다 .

オレンジジュースを注文しましょう。

 ▶会話

DL 050

유미 : 우리 커피 한잔 할까요 ?

진영 : 저는 커피를 안 마셔요 .

유미 : 그럼 주스를 주문합시다 .
오렌지도 있고 , 포도도 있고…

진영 : 오렌지 주스를 주문합시다 .

유미 : 진영 씨는 오렌지 주스 마셔요 .
저는 커피가 좋아요 .

진영 : 커피를 좋아해요 ?

유미 : 네 , 매일 마셔요 .

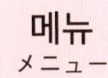

메뉴
メニュー

커피

주스

콜라

핫 초콜릿

케이크

아이스크림

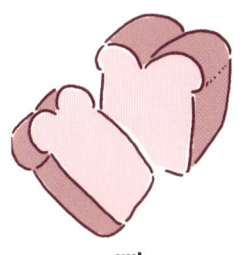

빵

우유

 ▶文法　　　　　　　　　　　　　　　　　　　　　　　DL 052

> 動 + ㄹ /을까요 ?　　　　　　　　　　　　　　～ましょうか？
> 動 + ㅂ /읍시다 .　　　　　　　　　　　　　　～ましょう。

주스를 **주문할까요 ?**

좋아요 . 수박 주스를 **주문합시다 .**

케이크를 **먹을까요 ?**

케이크 말고 이 빵을 **먹읍시다 .** 이 집은 이 빵이 유명해요 .

핫 초콜릿을 **마실까요 ?**

핫 초콜릿은 너무 달아요 . 우유를 **마십시다 .**

DL 053

※否定形の＋지 맙시다「＋ないでおきましょう（やめておきましょう）」

콜라는 먹**지 맙시다** . 몸에 안 좋아요 .

이 우유는 마시**지 맙시다** . 오래되었어요 .

빵을 **살까요 ?** 아이스크림을 **살까요 ?**

빵을 좀 **삽시다** . 아이스크림은 사지 **맙시다** .

【単語】 **몸** 体　**오래되었어요** 古いです　**너무** ～すぎる、とても～だ

▶練習

ペアで話しましょう。

(A　　　　　　): 한국 음식을 먹을까요 ?

(B　　　　　　): 그래요 . 저는 ＿＿＿＿＿＿＿ 을 / 를 좋아해요 .

　　　　　　(A　　　　　) 씨는요 ?

(A　　　　　　): 저는 ＿＿＿＿＿＿ 을 / 를 잘 먹어요 .

　　　　　　일본 음식도 좋아해요 ?

(B　　　　　　): 네 , ＿＿＿＿＿＿＿ 을 / 를 제일 좋아해요 .

(A　　　　　　): 그럼 오늘은 일본 음식을 먹을까요 ?

(B　　　　　　): 그래요 . ＿＿＿＿＿＿＿ 을 / 를 먹읍시다 .

▶聞いて / 答える

聞いて、答えましょう。

Q: 한국 음식을 먹을까요 ?　　A: 네 , 떡볶이를 먹읍시다 .

Q: 무엇을 마실까요 ?　　A: 술을 한잔 마십시다 .

Q: 과일을 살까요 ?　　A: 그래요 . 배를 삽시다 .

Q: 어디에 갈까요 ?　　A: 수영장에 갑시다 .

Q: 자전거를 탈까요 ?　　A: 아니요 , 타지 맙시다 .

【単語】 **떡볶이** トッポギ　**술** お酒　**한잔** 一杯　**배** 梨　**수영장** プール　**자전거** 自転車　**타다** 乗る

聞いて、答えましょう。

Q: 일본 음식을 먹을까요 ?　　　A: _____

Q: 무엇을 마실까요 ?　　　A: _____

Q: 과일을 살까요 ?　　　A: _____

Q: 어디에 갈까요 ?　　　A: _____

Q: 택시를 탈까요 ?　　　A: _____

Ⅲ. 커피 한 잔 주세요.　　コーヒーを一杯ください。

▶聞き取り　　DL 054

聞いて、答えましょう。

1. 남자는 무엇을 주문합니까 ?　　　_____

2. 여자는 무엇을 주문합니까 ?　　　_____

3. 남자는 케이크를 먹습니까 ?　　　_____

4. 여자는 케이크를 먹습니까 ?　　　_____

5. 남자와 여자는 오후에 무엇을 합니까 ?　　_____

☑**学習の振り返り**

☑計画について話すことができますか？　　➡ ☐ _____

☑注文することができますか？　　➡ ☐ _____

☑次の授業までに復習が必要な箇所はありますか？　➡ ☐ _____

제 8 과　이거 얼마예요？

❖クラスの学習目標
· 한국어 숫자를 익힙시다 .　韓国語の数字を覚えましょう。
· 가격을 물어봅시다 .　値段を聞いてみましょう。

❖私の学習目標＆学習方法
· _____
· _____

Ⅰ . 숫자　数字

 ▶会話　　　　　　　　　　　　　　　　DL 055

진영 😊 : 유미 씨 , 전화번호가 몇 번이에요 ?

유미 😊 : 010-8902-234…
　　　　잠깐 , 그런데 제 번호는 왜요 ?

진영 😊 : 이따가 저녁에 전화해요 .
　　　　같이 한국어를 공부해요 .

유미 😊 : 고마워요 . 그런데 전화는 괜찮아요 .
　　　　학교에서 도와주세요 .

진영 😊 : 그래요 . 알겠어요 .

유미 😊 : 저녁에는 전화를 못 받아요 .
　　　　아르바이트를 해요 .

숫자
数字

0
영(공)

1	2	3	4	5	6	7	8	9	10
일	이	삼	사	오	육	칠	팔	구	십
11	12	13	14	15	16	17	18	19	20
십일	십이	십삼	십사	십오	십육	십칠	십팔	십구	이십

21	22	23	24	25	…
이십일	이십이	이십삼	이십사	이십오	…

10	20	30	40	50	60	70	80	90	100
십	이십	삼십	사십	오십	육십	칠십	팔십	구십	백

10	십	20	이십	21	이십일
100	백	300	삼백	320	삼백이십
1000	천	4000	사천	4330	사천삼백삼십
10000	만	50000	오만	54300	오만사천삼백
100000	십만	600000	육십만	653200	육십오만삼천이백
1000000	백만	7000000	칠백만	7890000	칠백팔십구만

전화번호는 몇 번입니까 ?

우리 집 전화번호는 03 - 2345 - 1243 입니다 .

몇 동 몇 호에 살아요 ?

저는 201 동 1302 호에 살아요 .

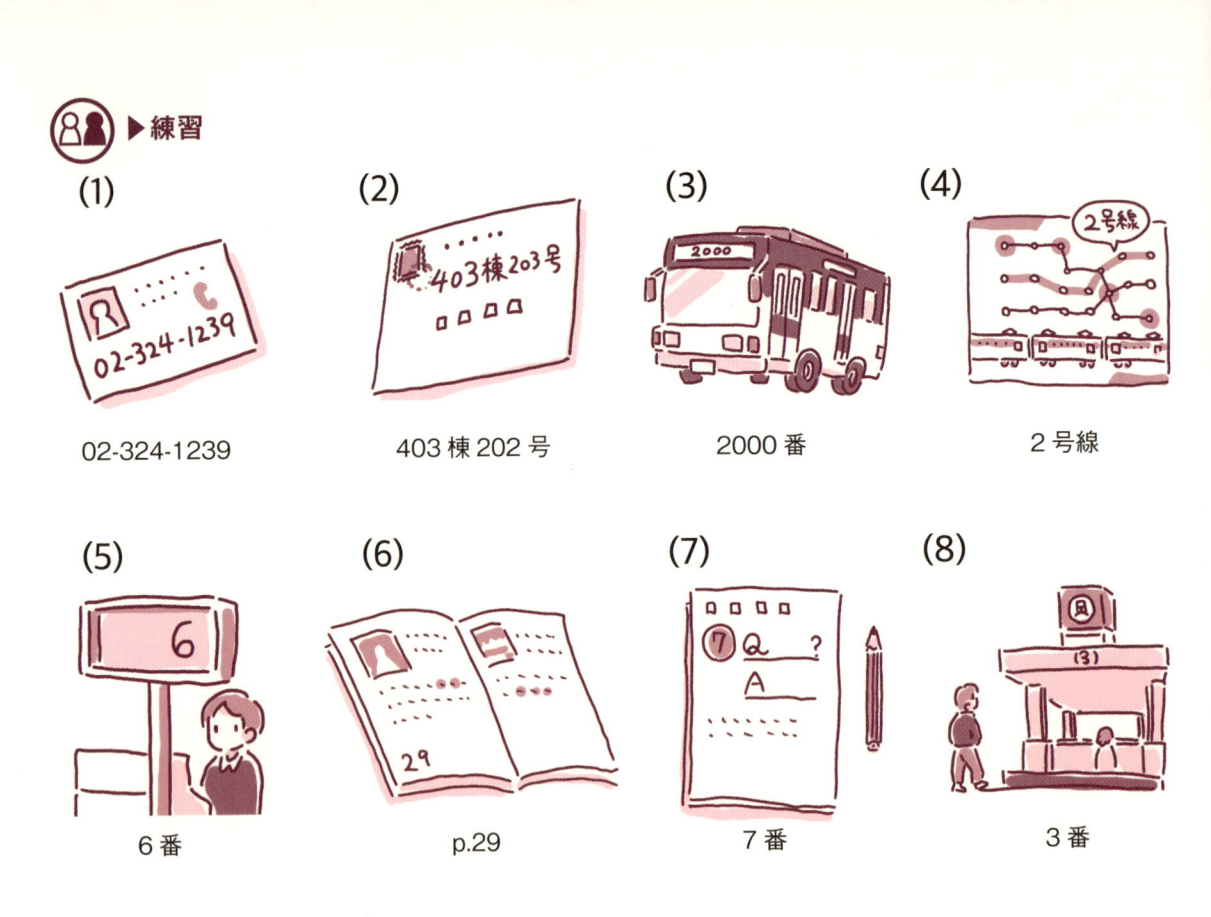

(1)

02-324-1239

(2)

403 棟 202 号

(3)

2000 番

(4)

2 号線

(5)

6 番

(6)

p.29

(7)

7 番

(8)

3 番

(1) 전화번호가 몇 **번**입니까 ?

제 번호는(**공이**에 **삼이사**에 **일이삼구**) 입니다 .

(2) 몇 **동** 몇 **호**에 삽니까 ?

저는 ( ) **동** ( ) **호**에 삽니다 .

(3) 몇 **번** 버스를 탑니까 ?

저는 ( ) **번** 버스를 탑니다 .

(4) 몇 **호선**을 타고 갑니까 ?

( ) **호선**을 탑니다 .

(5) 몇 **번**이에요 ?

( ) **번**이에요 . 여기에서 기다립시다 .

(6) 지금 몇 **페이지**예요 ?

( ) **페이지**를 보고 있어요 .

(7) 지금 몇 **번**이에요 ?

( ) **번**을 풀고 있어요 .

(8) 홍대역에서 만나요 .

그래요 . **(**) **번** 출구에서 만나요 .

 ▶**聞いて / 答える**　DL 057

聞いて、答えましょう。

Q: 전화번호가 몇 번이에요 ?　A: 공이에 삼사오에 육이칠팔이에요 .

Q: 몇 호에 살아요 ?　A: 백이호에 살아요 .

Q: 몇 번 버스를 타요 ?　A: 오십이번 버스를 타요 .

Q: 몇 과를 공부하고 있어요 ?　A: 제 구과를 공부하고 있어요 .

Q: 몇 페이지예요 ?　A: 사십페이지예요 .

聞いて、答えましょう。

Q: 전화번호가 몇 번이에요 ?　A: _____

Q: 몇 호에 살아요 ?　A: _____

Q: 몇 번 버스를 타요 ?　A: _____

Q: 몇 과를 공부하고 있어요 ?　A: _____

Q: 몇 페이지예요 ?　A: _____

 ▶会話　　　　　　　　　　　　　　　　　DL 058

유미 : 저기요, 이 운동화 얼마예요?

점원 : 그거는 70,000 원이에요.

진영 : 유미 씨, 그거 말고 이거 어때요?

유미 : 그거도 예쁘네요.
저기요, 이건 얼마예요?

점원 : 그거는 지금 세일하고 있어요.
38,000 원이에요.

진영 : 싸고 좋네요. 그거로 해요.

유미 : 이거 주세요.

 ▶単語　　　　　　　　　　　　　　　　　DL 059

돈
お金

　　　　　　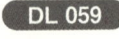

십원　　　　오십원　　　　백원　　　　오백원

천원　　　　오천원　　　　만원　　　　오만원

얼마예요 ?

いくらですか？

김밥  Q: 이 김밥은 얼마예요 ?
A: 4,500(사천오백) 원이에요 .

김치찌개  Q: 여기요 , 김치찌개 주세요 .
A: 네 , 6,000(육천) 원입니다 .

라면  Q: 라면은 얼마예요 ?
A: 5,800(오천팔백) 원이에요 .

콜라  Q: 콜라 주세요 .
A: 네 , 2,300(이천삼백) 원입니다 .

사이다  Q: 사이다도 있어요 ?
A: 네 , 있어요 .
사이다는 3,000(삼천) 원이에요 .

【単語】 김밥 キンパ（韓国海苔巻き） 라면 ラーメン 사이다 サイダー

 ▶練習

얼마예요 ? いくらですか？

콘서트 표

Q: 콘서트 표가 얼마예요 ?
A: 105,000(십만오천) 원이에요 .

고기

Q: 이 고기는 2 인분에 얼마예요 ?
A: 1 인분에 5,000 (오천) 원 ,
　　2 인분에 10,000 (　　　　) 입니다 .

된장찌개

Q: 된장찌개 한 그릇 주세요 .
A: 네 , 6,500 (　　　　　　) 원이에요 .

볼펜

Q:(　　　　　　　　　　)?
A: 네 , 1,800(　　　　　) 원입니다 .

수첩

Q:(　　　　　　　　　　)?
A: 네 , 7,700(　　　　　) 원입니다 .

약

Q:(　　　　　　　　　　)?
A: 네 , 5,200(　　　　　) 원입니다 .

참외

Q: (　　　　　　　　　)?
A: 네, 한 개에 2,200(　　　　　)원입니다.

【単語】 ~ 인분 ～人前　　한 그릇 一皿　　된장찌개 味噌チゲ　　볼펜 ボールペン　　수첩 手帳　　약 薬
　　　　 참외 チャメ (甜瓜)

62

Ⅲ. 무엇을 삽니까?

何を買いますか？

 ▶聞き取り　DL 061

聞いて、答えましょう。

1. 남자는 무엇을 삽니까 ? _____

2. 운동화는 얼마입니까 ? _____

3. 티셔츠는 얼마입니까 ? _____

▶活動　DL 062

몇 월 며칠이에요 ?

1 月	2 月	3 月	4 月	5 月	6 月
일월	이월	삼월	사월	오월	유월
7 月	8 月	9 月	10 月	11 月	12 月
칠월	팔월	구월	시월	십일월	십이월

3 월

월요일	화요일	수요일	목요일	금요일	토요일	일요일
	1 생일	2	3	4 한국어 수업	5	6
7	8	9 데이트	10	11	12	13
14	15	16	17	18	19 알바	…

☑学習の振り返り

☑韓国語で数字を読むことができますか？ ➡ ☐ _____

☑値段を聞いたり、答えることができますか？ ➡ ☐ _____

☑次の授業までに復習が必要な箇所はありますか？ ➡ ☐ _____

제9과 몇 시 몇 분입니까?

❖クラスの学習目標
- 한국어 숫자를 익힙시다.
- 시간을 물어봅시다.

韓国語の数字を覚えましょう。

時間を聞きましょう。

❖私の学習目標＆学習方法
- _____
- _____

Ⅰ. 시간　　　時間

 ▶会話　　　　　　　　　　　　　　　　　　DL 063

진영 : 몇 시 몇 분입니까？

유미 : 오후 1 시 30 분입니다.

진영 : 오늘 수업이 있어요？

유미 : 네, 5 시까지 수업이 있어요.
　　　진영 씨는요？

진영 : 저는 4 시 반에 끝나요.
　　　6 시부터 아르바이트를 해요.

유미 : 아르바이트는 몇 시에 끝나요？

진영 : 저녁 10 시에 끝나요.

숫자
数字

0
영 (공)

1	2	3	4	5	6	7	8	9	10
하나 한 -	둘 두 -	셋 세 -	넷 네 -	다섯	여섯	일곱	여덟	아홉	열

11	12	13	14	15	16	17	18	19	20
열하나 열한 -	열둘 열두 -	열셋 열세 -	열넷 열네 -	열다섯	열여섯	열일곱	열여덟	열아홉	스물 스무 -

30	40	50	60	70	80	90	100
서른	마흔	쉰	예순	일흔	여든	아흔	백

01:01

A: 몇 시 몇 분입니까 ?
B: 한 시 일 분입니다 .

05:20

A: 몇 시 몇 분이에요 ?
B: 다섯 시 이십 분이에요 .

02:20

A: 몇 시 몇 분입니까 ?
B: 두 시 이십 분입니다 .

06:30

A: 몇 시 몇 분이에요 ?
B: 여섯 시 삼십 분이에요

12:10

A: 몇 시 몇 분입니까 ?
B: 열두 시 십 분입니다 .

07:45

A: 몇 시 몇 분이에요 ?
B: 일곱 시 사십오 분이에요 .

例）
01:01

A: 몇 시 몇 분입니까 ?
B: (한) 시 (일) 분입니다 .

(1)
02:20

A: 몇 시 몇 분입니까 ?
B: (　)시 (　) 분입니다 .

(2)
08:30

A: 몇 시 몇 분이에요 ?
B: (　) 시 (　) 분이에요 .

(3)
08:00

A: 몇 시 몇 분입니까 ?
B: (　)시 (　) 분입니다 .

(4)
09:45

A: 몇 시 몇 분이에요 ?
B: (　)시 (　) 분이에요 .

(5)
12:12

A: 몇 시 몇 분입니까 ?
B: (　) 시 (　) 분입니다 .

(6)
03:30

A: 몇 시 몇 분이에요 ?
B: (　)시 (　) 분이에요 .

(7)
01:10

A: 몇 시 몇 분입니까 ?
B: (　)시 (　) 분입니다 .

(8)
11:50

A: 몇 시 몇 분이에요 ?
B: (　) 시 (　) 분이에요 .

(9)
午前 07:30

A: 몇 시 몇 분입니까 ?
B: 오전 (　)시 (　) 분입니다 .

聞いて、答えましょう。

Q: 지금 몇 시 몇 분이에요?　　　A: 지금 한 시 반이에요.

Q: 수업은 몇 시부터예요?　　　　A: 열 시 삼십오 분부터예요.

Q: 보통 몇 시에 일어나요?　　　　A: 저는 일곱 시에 일어나요.

Q: 보통 몇 시에 자요?　　　　　　A: 열한 시 즈음에 자요.

Q: 몇 시에 만날까요?　　　　　　A: 두 시 이십 분에 만납시다.

【単語】　즈음 頃

聞いて、答えましょう。

Q: 지금 몇 시 몇 분이에요?　　　A: ＿＿＿＿＿＿＿＿＿＿＿＿＿＿＿

Q: 수업은 몇 시부터예요?　　　　A: ＿＿＿＿＿＿＿＿＿＿＿＿＿＿＿

Q: 보통 몇 시에 일어나요?　　　　A: ＿＿＿＿＿＿＿＿＿＿＿＿＿＿＿

Q: 보통 몇 시에 자요?　　　　　　A: ＿＿＿＿＿＿＿＿＿＿＿＿＿＿＿

Q: 몇 시에 만날까요?　　　　　　A: ＿＿＿＿＿＿＿＿＿＿＿＿＿＿＿

▶会話

DL 066

유미 : 저기요 , 이 모자 얼마예요 ?

점원 : 그거는 20,000 원이에요 .

유미 : 이 모자를 한 개 주세요 .
저 구두는 얼마예요 ?

점원 : 그 구두는 50,000 원이에요 .

유미 : 그럼 저 구두도 한 개 주세요 .

점원 : 네 , 알겠습니다 .
손님 , 이 신발 어때요 ? 이것도 예뻐요 .

유미 : 그건 괜찮아요 . 감사합니다 .

▶単語

DL 067

단위
(物や人・動物を数えたり、年齢、回数を表す) 単位

~개

~명

~분

~사람

~살

~병

~마리

~번

몇 개예요?　　　　　　　　　　　　いくつですか？

한 개

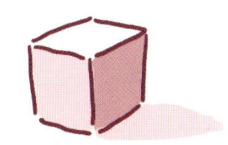

Q: 몇 개예요 ?
A: 한 개예요 .

두 명

Q: 몇 명 옵니까 ?
A: 두 명 옵니다 .

세 살

Q: 몇 살이에요 ?
A: 올해 세 살이에요 .

네 마리

Q: 몇 마리 있어요 ?
A: 개가 두 마리 , 고양이가 두 마리 ,
　　모두 네 마리 있어요 .

다섯 번

Q: 몇 번 봤어요 ?
A: 다섯 번 봤어요 .

【単語】　**올해** 今年　　**봤어요** 見ました（**봐요**の過去形）

몇 개예요?　　　　　　　　　　　　　　　　　　　いくつですか？

(두) 개

Q: 컵을 몇 개 드려요 ?
A: (두) 개 주세요 .

(　) 분

Q: 손님이 몇 분 와요 ?
A: (　) 분 오세요 .

(　) 사람

Q: 사무실에 몇 사람 일해요 ?
A: 우리 사무실에 (　) 사람 일해요 .

(　) 살

Q: 몇 살이에요 ?
A: 네 , 저는 (　) 살이에요 .

(　) 병

Q: 음료수는 몇 병 사요 ?
A:(　) 병 삽시다 .

(　) 마리

Q: 치킨을 몇 마리 시켜요 ?
A: (　) 마리 시킵시다 .

( ) 번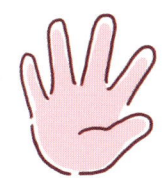

Q : 일주일에 몇 번 수업을 해요 ?

A : 일주일에 ( ) 번 한국어 수업을 해요 .

【単語】 **컵** コップ **오세요** いらっしゃいます **사무실** 事務室 **음료수** 飲料水 **시키다** 頼む、注文する
일주일 一週間

Ⅲ. 몇 살입니까?

何歳ですか？

 ▶聞き取り

DL 069

聞いて、答えましょう。

1. 남자는 몇 살입니까 ? _____

2. 여자는 몇 살입니까 ? _____

3. 남자의 남동생은 몇 살입니까 ? _____

4. 여자의 여동생은 몇 살입니까 ? _____

☑**学習の振り返り**

☑韓国語で数字を読むことができますか？ ➡ ☐ _____

☑物を数えたり、年齢を言うことができますか？ ➡ ☐ _____

☑次の授業までに復習が必要な箇所はありますか？ ➡ ☐ _____

제10과 주말에 뭐 했어요?

❖ クラスの学習目標
· 과거에 한 일에 대해서 말해 봅시다. 過去にしたことについて話しましょう。
· 존경 표현을 사용해서 말해 봅시다. 尊敬表現を使って話しましょう。

❖ 私の学習目標 & 学習方法
· _____
· _____

Ⅰ. 영화를 봤어요.

映画を見ました。

 ▶会話

DL 070

유미 😊 : 주말에 뭐 했어요?

진영 😊 : 친구하고 영화를 봤어요.
유미 씨는 뭐 했어요?

유미 😊 : 저도 친구를 만났어요.
생일 파티를 했어요.

진영 😊 : 재미있었어요?
어디에서 파티를 했어요?

유미 😊 : KR 타워에서 했어요.

진영 😊 : 어! 저도 그쪽에서 영화를 봤어요.
KR 타워 건너편에 있었어요.

유미 : 와~ , 정말요 ? 근처에 있었군요 .
　　　어떤 영화를 봤어요 ?

진영 : 한국 영화를 봤어요 .
　　　그리고 쇼핑도 좀 했고요 .

유미 : 뭘 샀어요 ?

 ▶文法　　　　　　　　　　　　　　　　DL 071

動形 ＋ 았습니다 / 었습니다 .　　～ました・でした (より丁寧な過去形)
動形 ＋ 았어요 / 었어요 .　　　　～ました・でした (少しカジュアルな過去形)

주말에 무엇을 **했습니까 ?**　　(하다 ➡ **했습니다**)
영화를 **봤습니다 .**　　(보다 ➡ 보았습니다 ➡ **봤습니다**)
밥은 **먹었습니까 ?**　　(먹다 ➡ **먹었습니다**)
파티는 **재미있었습니까 ?**　　(재미있다 ➡ **재미있었습니다**)
찌개가 조금 **짰습니다 .**　　(짜다 ➡ 짜았습니다 ➡ **짰습니다**)
시험이 **어려웠습니다 .**　　(어렵다 ➡ **어려웠습니다**)
영화가 **슬펐습니다 .**　　(슬프다 ➡ 슬프었습니다 ➡ **슬펐습니다**)

주말에 뭐 **했어요 ?**　　(하다 ➡ 해요 ➡ **했어요**)
영화를 **봤어요 .**　　(보다 ➡ 보아요 ➡ 보았어요 ➡ **봤어요**)
밥 **먹었어요 ?**　　(먹다 ➡ 먹어요 ➡ 먹**었어요**)
파티는 **재미있었어요 ?**　　(재미있다 ➡ 재미있어요 ➡ **재미있었어요**)
찌개가 좀 **짰어요 .**　　(짜다 ➡ 짜요 ➡ **짰어요**)
시험이 **어려웠어요 .**　　(어렵다 ➡ 어려워요 ➡ **어려웠어요**)
영화가 **슬펐어요 .**　　(슬프다 ➡ 슬퍼요 ➡ **슬펐어요**)

 **▶練習**

ペアで話しましょう。

(A): 주말에 뭐 했어요?

(B): 저는 _____.

(A) 씨는 주말에 뭐 했습니까?

(A): 저는 _____.

グループで話しましょう。

(A): 주말에 뭐 했어요?

(B): 저는 _____.

(C): 저는 _____.

(A): 저는 _____.

수업 전에 무엇을 했습니까?

(B): _____.

(C): _____.

(A): 저는 _____.

▶聞いて / 答える

DL 072

聞いて、答えましょう。

Q: 어제 뭐 했어요? A: 친구를 만났어요.

Q: 아침 식사 했어요? A: 네, 먹었어요.

Q: 방학 때 어디에 갔어요? A: 러시아에 갔어요.

Q: 한국에 갔습니까? A: 아니요, 안 갔습니다.

Q: 시험이 쉬웠습니까? A: 네, 쉬웠어요.

Q: 영화는 재미있었습니까? A: 아니요, 재미없었습니다.

【単語】 **식사** 食事　**방학** 休み（学校等における長期休み）　**러시아** ロシア　**재미없다** 面白くない

聞いて、答えましょう。

Q: 어제 뭐 했어요?   A: _____

Q: 아침 식사 했어요?   A: _____

Q: 방학 때 어디에 갔어요?   A: _____

Q: 한국에 갔습니까?   A: _____

Q: 시험이 쉬웠습니까?   A: _____

Q: 영화는 재미있었습니까?   A: _____

Ⅱ. 방학 때 뭐 하셨어요?

お休みの時、何をされましたか？

 ▶会話   DL 073

유미 : 방학 때 뭐 하셨어요?

진영 : 한국에 다녀왔어요.

유미 : 집에 다녀오셨어요?

진영 : 네, 가족들을 만났어요.
친구들도 만났어요.

유미 : 한국 음식도 많이 드셨어요?

진영 : 냉면을 먹었어요.

유미 : 언제 일본에 돌아오셨어요?

진영 : 그저께 돌아왔어요.
자 여기, 유미 씨 선물이에요.

유미 : 어머, 뭘 이런 걸 다 사 오셨어요.
언제 또 한국에 가세요?

動形 + 시다 .　動形 + 십니다 .　動形 + 세요 .　　動形の尊敬表現

動形 + 셨습니다 .　動形 + 셨어요 .　　動形の尊敬表現の過去形

한국에 **가세요 ?**　　　(가다 ➡ 가**시**다 ➡ 가**세요**)

네 , 한국에 **갑니다** .

언제 **돌아오십니까 ?** (돌아오다 ➡ 돌아오**시**다 ➡ 돌아오**십니다**)

내일 **돌아갑니다** .

뭘 **사셨어요 ?**　　　(사다 ➡ 사**시**다 ➡ 사**시었다** ➡ 사**셨다** ➡ 사**셨어요**)

모자를 **샀어요** .

아침 **드셨습니까 ?**　　(먹다 ➡ **드시다** ➡ **드시었다** ➡ **드셨다** ➡ **드셨습니다**)

네 , **먹었어요** .

【単語】 **드시다** 召し上がる

 ▶練習

| 動詞・形容詞の基本形 | 現在・より丁寧 | 現在・より丁寧・尊敬 | 過去・より丁寧・尊敬 |
	現在・少しカジュアル	現在・少しカジュアル・尊敬	過去・少しカジュアル・尊敬
가다	갑니다	가십니다	가셨습니다
	가요	가세요	가셨어요
오다			
하다			

動詞・形容詞の基本形	現在・より丁寧	現在・より丁寧・尊敬	過去・より丁寧・尊敬
	現在・少しカジュアル	現在・少しカジュアル・尊敬	過去・少しカジュアル・尊敬
좋아하다			
씻다			
사다			
살다			
싫어하다			
괜찮다			
먹다			

※形容詞の場合、尊敬表現は限られたシチュエーションでのみ使われます。

 ▶聞いて / 答える DL 075

聞いて、答えましょう。

Q: 어디에 가셨어요 ? A: 한국에 갔어요 .

Q: 어느 나라에서 오셨어요 ? A: 일본에서 왔어요 .

Q: 어제 뭐 하셨어요 ? A: 영화를 봤어요 .

Q: 무엇을 사셨습니까 ? A: 옷을 샀어요 .

Q: 맛이 괜찮으셨어요 ? A: 네 , 괜찮았어요 .

聞いて、答えましょう。

Q:＿＿＿＿＿＿＿＿＿＿＿＿＿＿＿   A: 네 , 손을 씻었어요 .

Q:＿＿＿＿＿＿＿＿＿＿＿＿＿＿＿   A: 일본에 3 년 살았어요 .

Q:＿＿＿＿＿＿＿＿＿＿＿＿＿＿＿   A: 쇼핑했어요 .

Q:＿＿＿＿＿＿＿＿＿＿＿＿＿＿＿   A: 샌드위치를 먹었어요 .

Q:＿＿＿＿＿＿＿＿＿＿＿＿＿＿＿   A: 친구가 왔어요 .

Ⅲ. 영화를 보고 무엇을 했습니까? 　映画を見て何をしましたか？

 ▶聞き取り　　　　　　　　　　　　　　　　DL 076

聞いて、答えましょう。

1. 여자는 어제 무엇을 했습니까 ?　　＿＿＿＿＿＿＿＿＿＿

2. 남자는 어제 무엇을 했습니까 ?　　＿＿＿＿＿＿＿＿＿＿

3. 여자는 호러 영화를 좋아합니까 ?　＿＿＿＿＿＿＿＿＿＿

4. 남자는 호러 영화를 좋아합니까 ?　＿＿＿＿＿＿＿＿＿＿

5. 남자는 영화를 보고 무엇을 했습니까 ?

　　　　　　　　　　　　　　　　　＿＿＿＿＿＿＿＿＿＿

▶活動　　　　　　　　　　　　　　　　　　DL 077

クラスメイトにインタビューしましょう。

A: 안녕하세요 ?

B: 네 , 안녕하세요 ?

A: 어제 뭐 했어요 ?

B: 한국어 숙제를 했어요 .

A: 주말에 뭐 했어요 ?

B: 친구하고 노래방에 갔어요 .

A: 내일 뭐 해요 ?

B: 집에서 쉬어요 .

クラスメイト 1.

어제

주말에

내일

クラスメイト 2.

어제

주말에

내일

クラスメイト 3.

어제

주말에

내일

☑学習の振り返り

☑韓国語で過去に起こった出来事が話せますか？ ➡ ☐ _____

☑尊敬の表現を使って質問することができますか？ ➡ ☐ _____

☑次の授業までに復習が必要な箇所はありますか？ ➡ ☐ _____

제11과 케이팝 콘서트에 가고 싶어요.

❖**クラスの学習目標**

· 하고 싶은 일에 대하여 말해 봅시다 . したいことについて話しましょう。
· 장래 희망에 대해서 말해 봅시다 . 将来の夢について話しましょう。

❖**私の学習目標＆学習方法**

· _____

· _____

Ⅰ. 저도 가고 싶어요 .

私も行きたいです。

 ▶**会話**　　　　　　　　　　　　　　　　　DL 078

유미 : 다음 달에 케이팝 콘서트에 가요 .

진영 : 정말이에요 ? 부러워요 .
　　　 저도 가고 싶어요 .

유미 : 진영 씨도 케이팝을 좋아해요 ?

진영 : 그럼요 .
　　　 지난달에는 사인회도 다녀왔어요 .

유미 : KR 타워에서 했지요 ?
　　　 그 사인회 저도 가고 싶었는데…

진영 : 이번 달에도 해요 .

유미 : 와~ , 가고 싶어요 .
　　　 이번 달 며칠이에요 ?

진영 : 이번 달 27 일이에요.
　　　같이 갈까요?

유미 : 꼭 같이 가요.
　　　벌써 기대돼요.

 ▶文法　　　　　　　　　　　　　　　　　　DL 079

> 動 + 고 싶습니다.　　　　　　　動 ～たいです (より丁寧)
> 動 + 고 싶어요.　　　　　　　　動 ～たいです (少しカジュアル)

케이팝 콘서트에 가**고 싶어요**.　　영화를 보**고 싶습니다**.

점심 뭐 먹**고 싶어요**?　　　　　파스타를 먹**고 싶습니다**.

어디에 살**고 싶습니까**?

※動詞に **+고 싶습니다 / 고 싶어요** をつけて「～たいです」と言ってみましょう！

動詞の基本形	+고 싶습니다 (より丁寧)	+고 싶어요 (少しカジュアル)
가다 (行く)	가고 싶습니다	가고 싶어요
가지다 (持つ・所有する)		
내리다 (降りる)		
돌아가다 (帰る)		
되다 (なる)		
들어가다 (入る)		
보내다 (送る)		
쉬다 (休む)		
춤추다 (踊る)		
주다 (あげる)		

※否定の「〜たくないです」は、+**고 싶지 않습니다 / 고 싶지 않아요** と言います。

動詞の基本形	+고 싶지 않습니다 （より丁寧）	+고 싶지 않아요 （少しカジュアル）
가다	가고 싶지 않습니다	가고 싶지 않아요
가지다		
내리다		
돌아가다		
되다		
들어가다		
보내다		
쉬다		
춤추다		
주다		

▶練習

ペアで話しましょう。

(A   ): 저녁에 뭐 먹고 싶어요 ?

(B   ): 저는 _____ .

    (A   ) 씨는 무엇을 먹고 싶습니까 ?

(A   ): 저는 _____ .

グループで話しましょう。

(A   ): 주말에 뭐 하고 싶어요 ?

(B   ): 저는 _____ .

(C   ): 저는 _____ .

(A   ): 저는 _____ .

聞いて、答えましょう。

Q: 방학 때 어디에 가고 싶어요 ?　　A: 교토에 가고 싶어요 .

Q: 쉬고 싶어요 ?　　A: 네 , 쉬고 싶어요 .

Q: 어디에서 내리고 싶어요 ?　　A: KR 타워 앞에서 내리고 싶어요 .

Q: 고향에 돌아가고 싶습니까 ?　　A: 네 , 돌아가고 싶습니다 .

Q: 무엇이 되고 싶습니까 ?　　A: 간호사가 되고 싶습니다 .

Q: 어떤 영화를 보고 싶습니까 ?　　A: 코미디를 보고 싶습니다 .

[単語] **앞에서** 前で　**간호사** 看護師　**코미디** コメディ

聞いて、答えましょう。

Q: 방학 때 어디에 가고 싶어요 ? A: _____

Q: 쉬고 싶어요 ? A: _____

Q: 어디에서 내리고 싶어요 ? A: _____

Q: 고향에 돌아가고 싶습니까 ? A: _____

Q: 무엇이 되고 싶습니까 ? A: _____

Q: 어떤 영화를 보고 싶습니까 ? A: _____

 ▶会話

DL 081

유미 : 진영 씨는 꿈이 뭐예요 ?

진영 : 꿈이요 ? 갑자기 그건 왜요 ?

유미 : 저는 가수가 되고 싶었어요 .

진영 : 그래요 ? 멋지네요 .
유미 씨는 노래를 잘하지요 .

유미 : 그런데 춤은 못 춰요 .

진영 : 저는 의사가 되고 싶었어요 .
지금은 선생님이 되고 싶어요 .

유미 : 무슨 선생님이요 ?

진영 : 한국어 선생님이 되고 싶어요 .
외국에서 가르치고 싶어요 .

유미 : 어디에서 살고 싶어요 ?

진영 : 일본도 좋고 , 미국도 좋고요 .

【単語】 **지요 (죠)** ～でしょう、～ましょう   **못** (動詞の前について) ～ができない

 ▶ **文法**

> 動 + 고 싶었습니다. 過去形 〜たかったです（より丁寧）
>
> 動 + 고 싶었어요. 過去形 〜たかったです（少しカジュアル）

케이팝 콘서트에 가**고 싶었어요**. 영화를 보**고 싶었습니다**.

점심에 고기를 먹**고 싶었어요**.

▶ **練習**

ペアで話しましょう。

(A　　　　　　): 어렸을 때 무엇이 되고 싶었어요?

(B　　　　　　): 저는 ＿＿＿＿＿＿＿＿＿＿＿＿＿＿＿＿＿.

　　　　　　(A　　　　　) 씨는요?

(A　　　　　　): 저는 ＿＿＿＿＿＿＿＿＿＿＿＿＿＿＿＿＿.

【単語】　**어렸을 때** 幼いころ　　**앞으로** これから、将来

グループで話しましょう。

(A　　　　　　): 앞으로 어디에 살고 싶어요?

(B　　　　　　): 저는 ＿＿＿＿＿＿＿＿＿＿＿＿＿＿＿＿＿.

(C　　　　　　): 저는 ＿＿＿＿＿＿＿＿＿＿＿＿＿＿＿＿＿.

(A　　　　　　): 저는 ＿＿＿＿＿＿＿＿＿＿＿＿＿＿＿＿＿.

▶ **聞いて / 答える**

聞いて、答えましょう。

Q: 어떤 일을 하고 싶었어요?　　　A: 간호사가 되고 싶었어요.

Q: 무엇을 공부하고 싶었어요?　　A: 중국어를 공부하고 싶었어요.

Q: 어디에 살고 싶었어요?　　　　A: 부산에 살고 싶었어요.

Q: 무엇을 가지고 싶었습니까?　　A: 예쁜 지갑을 가지고 싶었어요.

Q: 누구를 만나고 싶었어요?　　　A: 케이팝 아이돌을 만나고 싶었어요.

【単語】 **부산** 釜山　**예쁜** 綺麗な　**지갑** 財布　**아이돌** アイドル

聞いて、答えましょう。

Q: 어떤 일을 하고 싶었어요 ?　A: _____

Q: 무엇을 공부하고 싶었어요 ?　A: _____

Q: 어디에 살고 싶었어요 ?　A: _____

Q: 무엇을 가지고 싶었습니까 ?　A: _____

Q: 누구를 만나고 싶었어요 ?　A: _____

Ⅲ. 무엇을 하고 싶어 합니까 ?　何をしたがっていますか ?

※第三者が「～たがっています」は、＋**고 싶어 합니다** / **고 싶어 해요** と言います。

 ▶**聞き取り**　DL 084

聞いて、答えましょう。

1. 여자는 무엇을 하고 싶어 합니까 ?　_____

2. 남자는 무엇을 하고 싶어 합니까 ?　_____

3. 여자는 무엇을 먹고 싶어 합니까 ?　_____

4. 남자는 무엇을 먹고 싶어 합니까 ?　_____

 ▶**活動**　DL 085

聞いてみましょう。

Q: 무엇을 사고 싶습니까 ?

필통　　　(　　　　　)　(　　　　　)　(　　　　　)

Q: 무엇을 먹고 싶습니까?

(　　　　　)　(　　　　　　)　(　　　　　)　(　　　　　)

Q: 어디에 가고 싶어요?

(　　　　　)　(　　　　　　)　(　　　　　)　(　　　　　)

Q: 뭐 마시고 싶어요?

(　　　　　)　(　　　　　　)　(　　　　　)　(　　　　　)

☑ **学習の振り返り**

　☑韓国語で、「したいこと」について話すことができますか？　➡　☐ _____

　☑「将来の夢」について話すことができますか？　➡　☐ _____

　☑次の授業までに復習が必要な箇所はありますか？➡　☐ _____

❖クラスの学習目標
· 동사 + 겠다 의 용법을 익힙시다．　動詞 + 겠다 の用法を習いましょう。
· 형용사 + 겠다 의 용법을 익힙시다．　形容詞 + 겠다 の用法を習いましょう。

❖私の学習目標＆学習方法
· _____
· _____

Ⅰ. 저녁 7 시 즈음에 연락하겠습니다．

夜 7 時ごろ連絡します。

▶会話

DL 086

유미 : 진영 씨 , 오늘 바빠요 ?
　　　한국어 숙제를 좀 도와주시겠어요 ?

진영 : 어떡하죠 ?
　　　오늘은 아르바이트가 있어요 .

유미 : 괜찮아요 . 그럼 혼자 해 보겠어요 .

진영 : 제가 전화로 도와줄게요 .
　　　6 시에 아르바이트가 끝나요 .

유미 : 그럼 너무 고맙죠 .
　　　아르바이트 끝나고 전화주시겠어요 ?

진영 : 그렇게 합시다 .
　　　저녁 7 시 즈음에 연락하겠습니다 .

유미 : 저녁은요 ?
　　　 저녁 식사 후에 해도 괜찮아요 .

진영 : 아니에요 . 괜찮아요 .

【単語】 **도와줄게요** 手伝います・助けます　**즈음** （時間）頃

 ▶文法　　　　　　　　　　　　　　　　　　　　　　　　　　DL 087

> 動 + 겠습니다 .　　　 ～推測・主体の意志・お願いの表現(より丁寧)
> 動 + 겠어요 .　　　 ～推測・主体の意志・お願いの表現(少しカジュアル)

①近い未来や現在の状況を推測する表現としての： 動 + 겠습니다 / 겠어요

오후 2 시 즈음에 도착하**겠어요** .	午後 2 時ごろ到着するでしょう。
이제 수업이 끝났**겠습니다** .	もう授業は終わったでしょう。
지금 즈음이면 출발했**겠어요** .	今ごろ、出発したでしょう。

②話し手の意志を表す： 動 + 겠습니다 / 겠어요

저녁 7 시 즈음에 전화하**겠어요** .	夜 7 時ごろ電話します。
저는 가수가 되**겠습니다** .	私は歌手になります。
올해는 테니스를 배우**겠어요** .	今年はテニスを習います。

③丁寧なお願いの表現としての： 動 + 겠습니다 / 겠어요

좀 도와주시**겠어요** ?	少し助けていただけますか。
내일 다시 전화주시**겠습니까** ?	また明日電話をかけていただけますか。
한번 더 말해주**겠어요** ?	もう一度話していただけますか。

▶練習

例)

A : 몇 시에 도착합니까 ?

B : 5 시 30 분에 도착하겠습니다 . (도착하다)

1)

A : 약속 시간은 7 시예요 . 우리 기차는 7 시 반 도착이고요 .

B : 어머 , 그럼 30 분 _____ . (늦다)

2)

A : 새해에는 꼭 다이어트를 하겠습니다 .

B : 저는 담배를 _____ . (끊다)

3)

A : 그럼 안녕히 계세요 .

B : 잘가요 . 가끔 편지를 _____ . (쓰다)

4)

A : 운동을 하고 싶어요 . 테니스를 배우겠어요 .

B : 저는 스키를 _____ . (배우다)

5)

A : 한국어 숙제를 하고 있어요 ?

B : 네 , 좀 어려워요 . _____ ? (도와주다 手伝ってくれる)

6)

A : 여기 경치가 너무 좋네요.

B : 여기에서 제 사진을 _____? (찍어 주다)
撮ってくれる

7)

A : 김치찌개를 만들고 있어요?

B : 네, 다 됐어요.

가스 불을 좀 _____? (꺼 주다)
消してくれる

▶ 聞いて / 答える

DL 088

聞いて、答えましょう。

Q: 뭐 먹을까요?　　　　　A: 저는 비빔밥을 먹겠어요.

Q: 음료수는요?　　　　　A: 콜라를 마시겠습니다.

Q: 주말에 뭐 해요?　　　A: 미용실에 가겠어요.

Q: 무슨 일을 하고 싶습니까?　A: 영화배우가 되겠어요.

Q: 무엇을 만듭니까?　　　A: 갈비탕을 만들겠어요.

【単語】 **미용실** 美容室　**영화배우** 映画俳優　**갈비탕** カルビタン (スープ)

聞いて、答えましょう。

Q: 뭐 먹을까요?　　　　　A: _____

Q: 음료수는요?　　　　　A: _____

Q: 주말에 뭐 해요?　　　A: _____

Q: 무슨 일을 하고 싶습니까?　A: _____

Q: 무엇을 만듭니까?　　　A: _____

 ▶会話   DL 089

유미 : 뭐 해요?

진영 : 라면을 끓여요.

유미 : 참 맛있겠어요.

진영 : 하나 더 끓일까요?

유미 : 아니요, 다이어트 중이에요.

진영 : 그러지 말고 같이 먹어요.
      김치도 잘 익었어요.

유미 : 어머, 파김치네요?
      라면이랑 먹으면 딱 좋겠어요.

[単語] **끓이다** 沸かす   **익다** (発酵して) 良い味になる   **파김치** ネギのキムチ

 ▶文法   DL 090

> 形 + 겠습니다.   ～ように見える、～そうだ、～でしょう(より丁寧)
> 形 + 겠어요.   ～ように見える、～そうだ、～でしょう(少しカジュアル)

라면이 참 맛있**겠습니다**.

대학에 합격했어요? 기쁘**겠어요**.

파티를 해요? 재미있**겠네요**.

일이 바빠요? 힘들**겠어요**.

▶練習

㊥＋겠습니다 / 겠어요を使って、質問に答えましょう。

例)

A : 요즘 일이 좀 바빠요 .

B : 그래요 ? <u>힘들겠습니다 .</u>（ 힘들다 ）

1)

A : 이 코트를 샀어요 .

B : 좋네요 . 코트가 _____ .（ 따뜻하다 ）

2)

A : 김치찌개를 끓이고 있어요 .

B : 그런데 물이 너무 많아요 . 좀 _____ .（ 싱겁다 ）

3)

A : 태국어를 공부하고 있어요 .

B : _____ .（ 어렵다 ）

4)

A : 남자친구가 생겼어요 .

B : 축하해요 . _____ .（ 좋다 ）

5)

A : 우리 언니가 아이를 낳았어요 .

B : 어머 , 진짜 _____ .（ 예쁘다 ）

 ▶ 聞いて / 答える

聞いて、答えましょう。

Q: 떡볶이를 만들었어요.　　A: 맛있겠어요.

Q: 여자친구가 생겼어요.　　A: 기쁘겠어요.

Q: 이 옷을 새로 샀어요.　　A: 따뜻하겠어요.

Q: 밖에 눈이 오네요.　　A: 춥겠어요.

Q: 인도네시아어를 공부해요.　　A: 재미있겠어요.

Q: 이 운동화를 살까요?　　A: 좀 비싸겠어요.

【単語】　**밖** 外　　**운동화** 運動靴、スニーカー

聞いて、答えましょう。

Q: 김치찌개를 만들었어요.　　A: _____

Q: 여자친구가 생겼어요.　　A: _____

Q: 이 옷을 새로 샀어요.　　A: _____

Q: 밖에 비가 오네요.　　A: _____

Q: 베트남어를 공부해요.　　A: _____

Q: 이 바지를 살까요?　　A: _____

Ⅲ. 주말에 무엇을 합니까?

週末、何をしますか？

 ▶ 聞き取り

聞いて、答えましょう。

1. 남자는 토요일에 무엇을 합니까?　_____

2. 여자는 토요일에 무엇을 합니까?　_____

3. 남자는 일요일에 무엇을 합니까?　_____

4. 여자는 일요일에 무엇을 합니까?　_____

韓国の主要都市

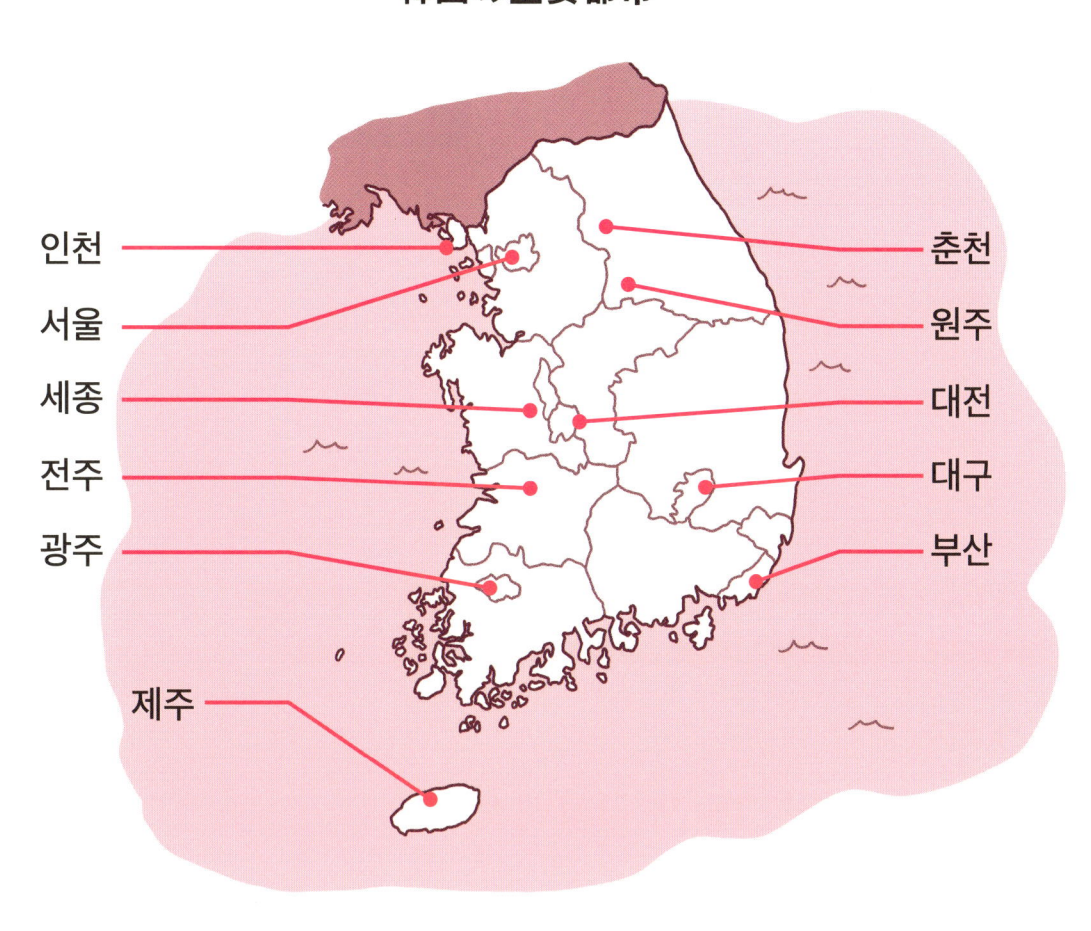

인천
서울
세종
전주
광주
제주

춘천
원주
대전
대구
부산

☑ **学習の振り返り**

☑ 動 ＋ 겠습니다 / 겠어요の用法が理解できましたか？ ➡ ☐ ＿＿＿＿＿＿＿＿＿＿＿＿＿＿＿＿

☑ 形 ＋ 겠습니다 / 겠어요の用法が理解できましたか？ ➡ ☐ ＿＿＿＿＿＿＿＿＿＿＿＿＿＿＿＿

☑ 次の授業までに復習が必要な箇所はありますか？ ➡ ☐ ＿＿＿＿＿＿＿＿＿＿＿＿＿＿＿＿

제13과 2호선을 타면 돼요?

❖ **クラスの学習目標**
- ~면/으면의 용법을 익힙시다.
- 길 안내를 합시다.

~たらの用法を習いましょう。
道案内をしましょう。

❖ **私の学習目標＆学習方法**
- _____
- _____

Ⅰ. 홍대입구역에서 2호선으로 갈아타면 돼요.

弘大入口駅で2号線に
乗り換えたらいいです。

 ▶ **会話**

DL 093

진영 : 뭘 그렇게 열심히 봐요?

유미 : 지하철 노선이요.
　　　일본에서 친구가 와요.

진영 : 인천공항에서 와요?
　　　그럼 지하철이 편해요.

유미 : 그래요? 신촌에서 만나요.

진영 : 공항철도를 타면 돼요.
　　　홍대입구역에서 2호선으로 갈아타면 돼요.
　　　신촌까지 한 역이에요.

유미 : 아~, 여기 이 노선이군요.

진영  : 아니면 , 버스도 다녀요 .
　　　　신촌 가는 리무진 버스가 있어요 .

유미  : 처음이니까 지하철이 좋겠어요 .

▶文法　　　　　　　　　　　　　　　DL 094

> **動形** + 면 /으면　動詞・形容詞の語幹について、「〜たら」のような仮定の意味を表す
> **名** + 면 /이면　名詞の場合は ~면 /이면を用いて「〜であれば」のような仮定の意味を表す

動形+면 / 으면の主な用法

①不確実で、まだ起こっていない事象を仮定して話す場合

날씨가 좋**으면** 소풍을 가겠어요 .	天気がよければ遠足に行きます。
누가 오**면** 알려주세요 .	だれか来たら教えてください。
먹고 맛있**으면** 더 시킵시다 .	食べておいしかったらもっと頼みましょう。

②一般的に「当たり前」とされる事象であることを条件として話す場合

담배를 피우**면** 건강에 안 좋아요 .	タバコを吸うと健康によくないです。
너무 많이 먹**으면** 배가 아파요 .	食べ過ぎるとお腹を壊します。
날이 추우**면** 감기에 걸리기 쉬워요 .	寒いと風邪をひきやすいです。

③道案内をする場合

이 길을 곧장 가**면** 병원이 있어요 .	この道をまっすぐ進むと病院があります。
사거리를 돌**면** 꽃집이 보여요 .	交差点を曲がると花屋さんが見えます。
10 분쯤 걸**으면** 도서관에 도착해요 .	10分ほど歩くと図書館に着きます。

名+면 / 이면の主な用法

키가 큰 사람**이면** 돼요 .	背の高い人であれば大丈夫です。
이게 다 돈**이면** 좋겠어요 .	これが全部お金だったらよかったですね。
이 차**면** 돼요 . 큰 차는 필요없어요 .	この車で十分です。大きい車は要りません。

 ▶練習

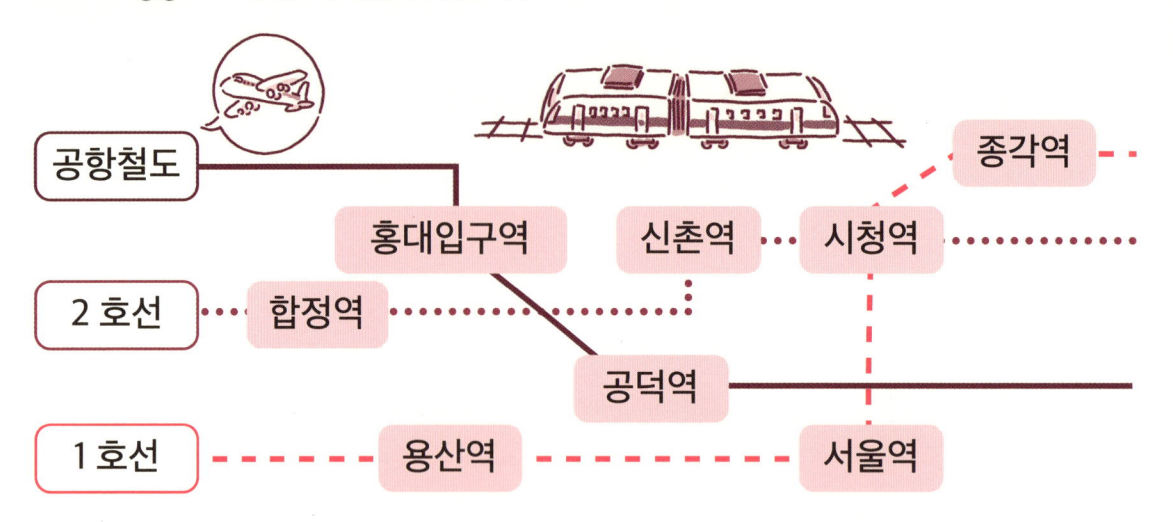

例)

A : 서울역에 어떻게 가요 ?

B : 1 호선을 <u>타면</u> 돼요 . (타다)

A : 서울역에서 신촌역까지 어떻게 가요 ?

B : 1 호선을 타고 시청역까지 가세요 .

그리고 2 호선으로 <u>갈아타면</u> 돼요 . (갈아타다)

1)

A : 합정역에 어떻게 가요 ?

B : _____ 을 _____ 돼요 . (타다)

2)

A : 신촌역에서 종각역까지 어떻게 가요 ?

B : _____ 을 _____ 돼요 . (타다)

그리고 _____ 으로 _____ 돼요 . (갈아타다)

3)

A : 공덕역에 어떻게 가요 ?

B : _____ 을 _____ 돼요 . (타다)

4)

A : 용산역에서 합정역까지 어떻게 가요 ?

B : _____ 을 _____ 돼요 . (타다)

　　그리고 _____ 으로 _____ 돼요 . (갈아타다)

▶聞いて / 答える

聞いて、答えましょう。

Q: 소풍을 갑니까 ?　　　　A: 날씨가 좋으면 갑니다 .

Q: 테니스를 쳐요 ?　　　　A: 비가 오면 안 쳐요 .

Q: 서울역에 어떻게 가요 ?　A: 지하철을 타면 돼요 .

Q: 명동에 어떻게 가요 ?　　A: 버스를 타면 돼요 .

Q: 뭐 마시겠어요 ?　　　　A: 물이면 돼요 .

【単語】　**테니스를 치다** テニスをする　　**명동** 明洞

聞いて、答えましょう。

Q: 소풍을 갑니까 ?　　　　A: _____

Q: 테니스를 쳐요 ?　　　　A: _____

Q: _____ 에 어떻게 가요 ?　A: _____

Q: _____ 에 어떻게 가요 ?　A: _____

Q: 뭐 마시겠어요 ?　　　　A: _____

 ▶ **会話**

DL 096

유미 : 짐을 좀 부치고 싶어요.
이 근처에 우체국이 있어요?

진영 : 우체국 말고 편의점에 가면 돼요.

유미 : 편의점에 가요?

진영 : 네, 요즘은 편의점에서도 부쳐요.

유미 : 그거 참 편하네요.

진영 : 이 길을 곧장 가면 돼요.
꽃집이 하나 있는데 그 옆에 편의점이 있어요.

유미 : 고마워요. 이따가 오후에 가겠어요.

길 안내하기
道案内

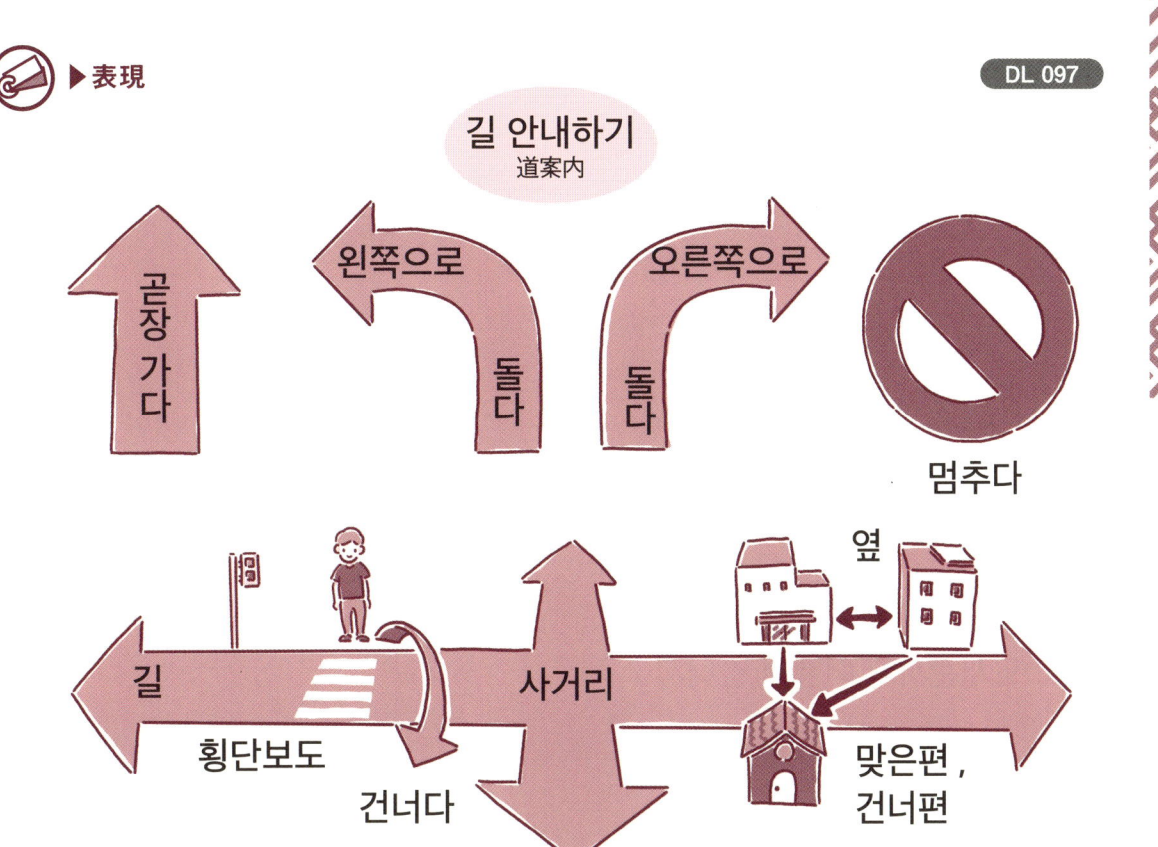

▶練習

⑩⑱ ~ 면 / 으면を使って、道案内をしましょう。

例)

A : 공원에 어떻게 가요 ?

B : 이 길을 곧장 가면 왼쪽에 있어요 .

1)

A : 학교는 어디에 있어요 ?

B : _____ .

2)

A : K 마트에 가고 싶어요 .

B : _____ .

3)

A : 도서관까지 어떻게 갑니까 ?

B : _____ .

4)

A : _____ .

B : _____ .

▶聞いて / 答える

DL 098

聞いて、答えましょう。

Q: 근처에 ATM 이 있어요 ? A: 곧장 가면 있어요 .

Q: 우체국에 어떻게 가요 ? A: 학교 앞에 가면 보여요 .

Q: 화장실이 어디예요 ? A: 저 앞에서 왼쪽으로 돌면 돼요 .

Q: 운동장이 있어요 ? A: 저기에서 오른쪽으로 가면 돼요 .

Q: 대사관에 어떻게 가요 ? A: 이 길을 건너면 있어요 .

Q: 극장이 어디예요 ? A: 은행 맞은편에 가면 있어요 .

【単語】 화장실 トイレ 운동장 運動場 대사관 大使館

聞いて、答えましょう。

Q: 근처에 ATM 이 있어요 ?　　　　A: _____

Q: 우체국에 어떻게 가요 ?　　　　A: _____

Q: 화장실이 어디예요 ?　　　　　A: _____

Q: _____ ?　A: _____

Q: _____ ?　A: _____

Q: _____ ?　A: _____

Ⅲ. 어떻게 가요?　　　　どうやって行きますか？

▶聞き取り　　　　　　　　　　　　　　DL 099

聞いて、答えましょう。

1. 여자는 어디에 갑니까 ?　　　　_____

2. 남자는 어디에 갑니까 ?　　　　_____

3. K 문고에 어떻게 갑니까 ?　　　_____

4. 대사관에 어떻게 갑니까 ?　　　_____

☑学習の振り返り

☑動形 ～ 면 / 으면の用法が理解できましたか？　➡　☐ _____

☑道案内ができますか？　　　　　　　　　　　　➡　☐ _____

☑次の授業までに復習が必要な箇所はありますか？　➡　☐ _____

単語リスト

初出の課を記載しています。

著者紹介
鄭 鍾熙（ちょん・じょんひ）
立命館アジア太平洋大学 准教授
立命館アジア太平洋大学 言語教育センター 副センター長
日本韓国語教育学会 理事

Kスタート！
できる・つながるコミュニケーション韓国語入門

2025 年 2 月 1 日　印刷
2025 年 2 月 10 日　発行

著　者 © 鄭　　鍾　　熙
発行者　　岩　堀　雅　己
印刷所　　壮栄企画株式会社

101-0052 東京都千代田区神田小川町 3 の 24
電話 03-3291-7811（営業部），7821（編集部）
発行所　www.hakusuisha.co.jp　　株式会社　白水社
乱丁・落丁本は送料小社負担にてお取り替えいたします。

振替 00190-5-33228　　　　　　　株式会社ディスカバリー

ISBN 978-4-560-06993-6

Printed in Japan

パスポート朝鮮語小辞典 ◎朝和＋和朝◎

塚本 勲 監修／熊谷明泰 責任編集／白岩美穂，黄鎮杰，金年泉 編

◇朝和＋和朝でハンディサイズ！　◇韓国の標準語に準拠　◇大きな
文字で見やすい版面　◇朝和は 23000 語，全見出し語にカタカナ発音
◇和朝は 6000 語，生きた例文が豊富　◇ジャンル別単語・会話集付
（2色刷）Ｂ小型　640 頁　定価 2860 円（本体 2600 円）

みんなの韓国語　初級
キム・スノク，スン・ヒョンジュ 著
長年の韓国語教育の経験が随所に生きる
初級学習書．
Ｂ５判 144 頁　定価 2310 円（本体 2100 円）

韓国語プラクティス100
増田忠幸 著
100 の練習で，気持ちをつたえることが自
然にできるようになるためのメソッド．
Ａ５判 150 頁 定価 2420 円（本体 2200 円）【CD 2 枚付】

改訂版　韓国語文法ドリル
◎初級から中級への 1000 題
須賀井義教 著
ハン検 5～3 級の文法事項のおさらい，
弱点強化に．文法問題を強化した改訂版．
B5 判 175 頁　定価 2200 円（本体 2000 円）

絵で学ぶ韓国語文法 [新版]
◎初級のおさらい、中級へのステップアップ
金京子，河村光雅 著
絵を使った解説でわかりやすい！　音声
無料ダウンロード有り．（2色刷）
Ａ５判 282 頁　定価 2530 円（本体 2300 円）

絵で学ぶ中級韓国語文法
金京子，河村光雅 著　　　　　　[新版]
絵を用いた簡潔な解説と豊富な練習問題
で着実に中級の実力を養成．音声無料ダ
ウンロード有り．　　　　　　（2色刷）
Ａ５判 308 頁　定価 2860 円（本体 2600 円）

絵で学ぶ上級への韓国語文法
金京子，河村光雅 著
上級への足場を固める，84 の絵を使った
丁寧な文法解説．　　　　　　（2色刷）
Ａ５判 292 頁　定価 3080 円（本体 2800 円）

絵でわかる韓国語のオノマトペ
◎表現が広がる擬声語・擬態語 辛昭静 著
にぎやかな音のニュアンスを楽しく学ぼ
う．音声無料ダウンロード有り．
四六判 150 頁　定価 2420 円（本体 2200 円）

絵でわかる韓国語の体の
慣用表現
辛昭静 著
一歩先の韓国語を身につけてみませんか．
四六判 210 頁　定価 2420 円（本体 2200 円）

Ｅメールの韓国語
白宣基，金南听 著
ハングルの入力方法から，様々な場面にお
ける文例と関連表現まで．
Ａ５判 185 頁　定価 2090 円（本体 1900 円）

韓国語発音クリニック [新版]
前田真彦 著
初級者にも中級者にも目からウロコの特
効薬が満載！音声無料ダウンロード有り．
Ａ５判 161 頁　定価 2200 円（本体 2000 円）

通訳メソッドできたえる
中級韓国語
前田真彦 著
コミュニケーションの力を着実にアップ！
音声無料ダウンロード有り．　【ＣＤ付】
A5 判 167 頁　定価 2640 円（本体 2400 円）

韓国語　まる覚えキーフレーズ40
【ＣＤ付】
張銀英 著
キーフレーズのまる覚えではじめる会話練
習．音声アプリ有り．（2色刷）
四六判 119 頁　定価 2090 円（本体 1900 円）

韓国語形容詞強化ハンドブック
今井久美雄 著
韓国語の形容詞のすべてがここに．音声無
料ダウンロード有り．
四六判 287 頁　定価 2860 円（本体 2600 円）

ステップアップのための
韓国語基本文型トレーニング
チョ・ヒチョル，チョン・ソヒ 著
基礎を固め中級へアップ．（2色刷）
A5 判 176 頁　定価 2420 円（本体 2200 円）

中級韓国語単語練習帳
◎ハン検 3 級準 2 級 TOPIK 中級
金京子，神農朋子 著
待望の中級編！　2880 語収録．音声無料
ダウンロード有り．
四六判 374 頁　定価 2860 円（本体 2600 円）

韓国語能力試験
TOPIK II作文対策講座
吉川寿子，キム・テウン 著
対策が難しい作文を，親身な指導で得点
源に！
A5 判 167 頁　定価 2310 円（本体 2100 円）

重版にあたり，価格が変更になることがありますので，ご了承ください．